会社別就活ハンドブックシリーズ

2025

商船三井の
就活ハンドブック

就職活動研究会 編
JOB HUNTING BOOK

は じ め に

　2021年春の採用から，1953年以来続いてきた，経団連（日本経済団体連合会）の加盟企業を中心にした「就活に関するさまざまな規定事項」の規定が，事実上廃止されました。それまで卒業・修了年度に入る直前の3月以降になり，面接などの選考は6月であったものが，学生と企業の双方が活動を本格化させる時期が大幅にはやまることになりました。この動きは2022年春そして2023年春へと続いております。

　また新型コロナウイルス感染者の増加を受け，新卒採用の活動に対してオンラインによる説明会や選考を導入した企業が急速に増加しました。採用環境が大きく変化したことにより，どのような場面でも対応できる柔軟性，また非接触による仕事の増加により，傾聴力というものが新たに求められるようになりました。

　『会社別就職ハンドブックシリーズ』は，いわゆる「就活生向け人気企業ランキング」を中心に，当社が独自にセレクトした上場している一流・優良企業の就活対策本です。面接で聞かれた質問にはじまり，業界の最新情報，さらには上場企業の株主向け公開情報である有価証券報告書の分析など，企業の多角的な判断・研究材料をふんだんに盛り込みました。加えて，地方の優良といわれている企業もラインナップしています。

　思い込みや憧れだけをもってやみくもに受けるのではなく，必要な情報を収集し，冷静に対象企業を分析し，エントリーシート作成やそれに続く面接試験に臨んでいただければと思います。本書が，その一助となれば幸いです。

　この本を手に取られた方が，志望企業の内定を得て，輝かしい社会人生活のスタートを切っていただけるよう，心より祈念いたします。

就職活動研究会

Contents

第1章

商船三井の会社概況

会社によって選考方法は千差万別。面接で問われる内容や採用スケジュールもバラバラだ。採用試験ひとつとってみても、その会社の社風が表れていると言っていいだろう。ここでは募集要項や面接内容について過去の事例を収録している。

また、志望する会社を数字の面からも多角的に研究することを心がけたい。

✔ 企業理念

■商船三井グループの企業理念
青い海から人々の毎日を支え、豊かな未来をひらきます

■グループビジョン
海運業を中心に様々な社会インフラ事業を展開し、環境保全を始めとした変化する社会のニーズに技術とサービスの進化で挑む。
商船三井は全てのステークホルダーに新たな価値を届け、グローバルに成長する強くしなやかな企業グループを目指します。

■商船三井グループの価値観・行動規範：MOL CHARTS
Challenge
大局観をもって、未来を創造します
・時代のニーズを先取りし、新たなビジネスチャンスを開拓する。
・会社の更なる成長の為に、イノベーションを生み出す。

Honesty
正道を歩みます
・常にコンプライアンスを意識し、社会規範と企業倫理に則って行動する。

Accountability
「自律自責」で物事に取り組みます
・難題に直面しても、当事者意識を持ち、関係者と協調しつつ自ら進んで解決する。

Reliability
ステークホルダーの信頼に応えます
・お客様の視点に立ち、お客様の期待を上回るサービスを提供する。
・社会が抱える課題に率先して取り組み責任ある行動をとる。

Teamwork
強い組織を作ります
・お互いを尊重し、自由闊達な風土を創る。
・知識、経験、技術、海技力を共有し、後継者を育成する。

Safety
世界最高水準の安全品質を追求します
・安全を最優先しているか、自らに問いかけ行動する。
・現場に向き合い、現場から学び、基本に立ち返り行動する

✔ 会社データ

本社	〒105-8688　東京都港区虎ノ門2丁目1番1号
資本金	65,400,351,028円
発行済株式数	361,885,833株
株主数	384,381名
主要株主	・日本マスタートラスト信託銀行株式会社（信託口） ・ステート ストリート バンク ウェスト クライアント トリーティー 505234 ・株式会社日本カストディ銀行（信託口） ・株式会社三井住友銀行 ・三井住友海上火災保険株式会社 ・株式会社みずほ銀行 ・ステート ストリート バンク アンド トラスト カンパニー 505225 ・ザ バンク オブ ニューヨーク メロン 140044 ・三井住友信託銀行株式会社 ・住友生命保険相互会社
株式上場	東京証券取引所
従業員 （当社単体）	1,168名（陸上829名 海上339名）
グループ会社数	509社（連結子会社及び持分法適用会社）
グループ会社 従業員数	8,748名（当社及び連結子会社）
グループ運航 船舶規模	697隻 5,067万重量トン（当社及び連結子会社）

（2023年3月31日現在）

✔ 仕事内容

陸上総合職（事務系）

営業活動

資源・エネルギー会社、各種メーカーなどとの新規運送契約獲得や、既存契約の更改に向けて、顧客との交渉を担当しています。時には数十年、数億円の契約にもなることもあり、非常に大きな責任を負っています。

船舶調達

案件ごとに、どのような船を手配して運航するのが最適かを見極め、手配をする仕事です。新造船建造を判断し、技術部門（船の仕様について造船所との交渉や管理を行う）や財務部門、経営企画部門と連携します。また、船を所有する船主から貸出の交渉を行います。

運航管理

貨物、燃料補給や寄港地といった航海計画を自分の担当船に指示し、また寄港地での入出港の手続きなども担当します。本船乗組員と共に陸上から安全運航を支援し、それと同時に顧客ニーズを満たす貨物輸送を実現します。また、効率的に本船を航海させコストを管理することで採算の向上も目指します。

管理部門

財務・経理・総務・経営企画・人事などの面から会社の機能を支えるだけでなく、さまざまな視点から戦略を考え、企業価値を高める役割を担っています。

陸上総合職（技術系）

新造船の建造

顧客から信頼される海運会社であるためには、環境負荷の低い燃費性能が良い船、トラブル・不具合が発生しない安全性の高い船、実際に乗船する乗組員にとって使いやすい船、そしてコストの安い船を調達する必要があります。その際の船の基本仕様の策定、設計・図面承認、そして船価交渉まで担当します。そして、新造船の建造が造船所で始まれば、実際に建造現場に駐在し、建造現場の品質や工程管理の監督業務を行います。

運航船保守の技術支援

商船三井の運航船から得られる技術情報を収集・蓄積・分析し、運航船のトラブル対策や保守・修繕・改造支援に活かすことで「世界最高水準の安全運航」の実現を目指します。

また、この情報を造船所、船舶部品メーカー、船級、研究機関など海事クラスター全体で共有・活用し、「海事産業全体のイノベーション」を支援します。

技術開発

近年は船舶の大型化、推進装置、ビッグデータの活用など、目覚ましい技術革新が続いています。また、環境保護や国際規則など時代のルールやニーズも多様化・変化が続いています。

それらの性能、信頼性、コスト評価を行い、船の技術者として未踏領域へのチャレンジを続け、世界の海運をリードする新技術の開発を力強く推し進め、業界全体に新風を吹き込む役割を果たしています。

機関士・航海士

機関士

"船内の巨大なプラントを操る"のが機関士です。最も重要な任務は大きく分けて2つ。プラントの「運用」そして「保守点検」です。

1つ目は「運用」。巨大プラントを操ること。まさに船の原動力・心臓部である主機（メインエンジン）、その他補機を、常時止めることなく動かし続け、安定した航海を担保しています。

2つ目は「保守点検」。巨大プラントを守ること。主機・補機はもちろんのこと、船の運航には電気、水、蒸気なども必要不可欠です。そのため、多種多様な機器が船内随所に配置されています。それら一つひとつを細部まで知り尽くし、絶えず正常に機能するように監視とメンテナンスを続けることで、プラント全体を管理しています。

これらの技術を駆使し、機器のあらゆるトラブルに対応し、船の運航を根底から支える。これが船のプロフェッショナル"機関士"です。

航海士

"船を操る"のが航海士です。最も重要な任務は大きく分けて2つ。「航海」そして「荷役」です。

1つ目は「航海」。船を操ること。

目的地まで最適な航海をするため、航海ルートを策定し、船の針路を自ら判断

し決定します。また航海・無線計器の保守点検に至るまで、実務的な航海業務全般を担当します。

２つ目は「荷役」。貨物を守ること。お客様からお預かりした大切な貨物を、安全に目的地まで届けるため、貨物を積み込むところから、船上での保守、そして無事に降ろすところまで、一貫して担当します。

これらの技術を駆使し、船を安全に走らせ、貨物を安全にお客様の元に届ける。これが船のプロフェッショナル "航海士" です。

海上職の陸上勤務

海上社員（航海士・機関士）は複数種類の船への乗船を通じて、海上での幅広い経験による実務習熟＝ "海技力" を高めます。そして数年間海上で経験を積んだ後、陸上での勤務を数年間経験します。 高水準の海技ノウハウを活かし、船舶管理・運航／営業支援・技術開発・研修制度など多岐にわたる業務を担います。海上社員の活躍フィールドは海上にとどまらず陸上にもあり、海・陸の相互勤務を繰り返し経験することで 海運のプロフェッショナルとして成長していきます。

✔ 先輩社員の声

【専用船部】
現在の仕事内容

豪州やインドネシアを中心とした輸出国から主に国内の電力会社向けに，火力発電用の燃料となる石炭を運ぶドライバルク船の運航管理業務を担っています。また，余った船を，マーケットを通じて貸出したり，逆に最適なドライバルク船を借入れたりする備船業務や，新たな契約獲得や既存商権の確保へ向けた営業の補佐など多岐にわたる業務に携わっています。

経験に基づく知見をフルに活かして
運航および配船の最適解を探り続ける毎日。

運航管理の仕事は，業務領域が広く，また，奥が深いというのが特徴です。運航管理担当として，世界中の関係者と連携しながら船の安全運航をサポート。船が入港する際には，荷役現場に立ち会い，船長と次航海の打ち合わせをします。また，航海士や機関士からのフィードバック情報をもとに，さらなる安全や採算向上に資する改善策を練るアプローチも行います。一方，備船担当としては，備船市況を睨み，世界中の船主や備船社と交渉しながら，採算を考え最適な配船を行います。経験に基づく知見をフルに活かして運航および配船の最適解を探り続ける毎日は，たいへんなときもありますが，とても楽しい仕事です。そして何より"電力炭の輸送を通じて，日本の電力を支えている"という手応えが，日々のモチベーションとなっています。

多様な環境に身をおきながら，
仕事，そして人間としての幅を広げていきたい。

私は入社後，まず財務部にて資金調達の仕事を手がけました。振り返ると，このときの経験が血肉となって，今に生きています。海運ビジネスの成り立ちをコストの面から理解することができ，今なおシビアなコスト感覚をもって，常に採算を求めるアプローチができていると思います。私の今後の目標は，まずドライバルク船ビジネスを極めること。ドライバルク船といってもサイズや形がさまざまでビジネスモデルも違っています。とても奥深く，極めるのは難しいかもしれませんが，もがきながら，一生懸命に努力していきたい。その上で他船種や別部門など多様な環境に身をおきながら，仕事，そして人間としての幅を広げていきたいと考えています。また，機会があれば海外駐在も経験したい。与えられる権限も大きく，業務の幅も広がる異文化の地で，自らの力量を試しながら成長していけたら，と思っています。

自らのすべての経験を
いつか海運ビジネスの未来を創造する力に。

自分の足跡を今改めて振り返ってみると，先輩たちに光を照らしてもらいつつ，助けられ，自分の進むべき道を歩いてきたような気がします。最初は右も左もわからず，不安の中での社会人スタートでしたが，すぐに大きな役割を与えられ，先輩たちの確かな導きによって，自分なりの仕事スタイルを見つけることができました。財務部での資金調達，専用船部での運航管理を経て，今後もジョブローテーションによってさまざまな仕事を経験しながら，おそらく将来的には事業戦略や経営戦略を主導するような役割を求められるようになると思います。入社5年目ながら，自分の将来の活躍シーンをイメージできることは，きっとこれからの成長意欲にもつながっていくはず。私としては，自らのすべての経験をいつか"海運ビジネスの未来を創造する力"にしていける，そんな力強い歩みを目指していくつもりです。

【陸上総合職（事務系）】
現在の仕事内容
FSRUと呼ばれる洋上でLNG（液化天然ガス）を受け入れ再ガス化し、陸上にガスを供給する「浮体式LNG貯蔵再ガス化設備」事業を担当しています。当社のFSRUは、現在トルコで操業している他、インド・香港・インドネシアでも今後操業開始される予定です。操業中のFSRUの案件管理と今後操業開始される案件の準備に加え、シンガポール・ロンドン・ヒューストンの主要海外拠点やインドネシア・タイ・インド・ブラジルなどの各拠点と連携しながら、さらにFSRU事業を拡大すべく、グローバルに新規案件の開発を行っています。

世界のエネルギー政策に貢献すると同時に、
商船三井の未来を切り拓く
FSRUは世界的にはまだ前例が多くないこと、また、各国・地域によってそれぞれニーズや法規制が異なることから、プロジェクト案件ごとにさまざまな側面から検討を行う必要があります。果たしてプロジェクトが立ち上がるのか、どのようなリスクがあるのか、どの辺りをきちんと詰める必要があるのかなどを手探りで進めなければならないのです。そのために必要となるのは、国内外のチームを総動員すること。言葉や文化など、あらゆるものが異なる多国籍の社員たちが、一つの目標に向かって突き進むグローバルチームにならなければなりません。実際、それらをまとめていくには相応の苦労もありますし、時には政治的リスクなどから案件自体が延期や中止になるケースもあります。それでも、チーム全員で数々の困難を乗り越えられた時の感動は大きく、それが仕事の醍醐味にもつながっています。我々の取り組みは、間違いなく世界のエネルギー政策に貢献すると同時に、商船三井の未来を切り拓くものであり、その先陣を切るダイナミックなやりがいは、他では味わうことができません。

FSRU事業のコントロールタワーとして、
獲得契約を積み上げていきたい
いくつもの海外拠点を有機的に結んで、グローバルなチームを機能させることによって、新規案件獲得へと動くフォーメーションが整いつつあり、いくつかの商談案件も一気に事業化への勢いを増そうとしています。東京のチームは、海外拠点を統括する立場にありつつ、加えて営業アプローチから、現地調査、ファイナンススキームの構築、傭船社との契約交渉、プロジェクト計画の立案、そして進捗管理などに関与することもあります。そのため、世界の拠点を電話会議でつなぎ、その時々の課題を解決し、調整役を果たしながら、各プロジェクトをドライブしていきます。ロンドン駐在時代には、トルコ案件の契約交渉の最前線に立ち、さまざまな難題を克服しながら、クロージングへと導いた経験があるのですが、ここで得た知見やノウハウが今、まさに活きようとしています。今後はFSRU事業のコントロールタワーとして、獲得契約を積み上げていきたいと思っています。

海洋事業のスペシャリストとなり、多国籍チームのポテンシャルを
最大限に引き出すプロジェクトマネージャーへ
現在操業中の案件及び今後操業開始予定の案件を含め、10年後までに10以上のFSRUを世界中で操業するのが目標です。FSRU事業は当社がこれまで培ってきた海運事業をベースに新しい取り組みを求められるビジネスであり、我々のトライアルこそが、コア事業の海運に加えて「新たな事業の柱」を生むための鍵を握ると考えています。世界の各拠点のメンバーも多国籍で、バックグラウンドが違うからこそ、そこから多種多様なアイデアが生まれ、それらがあらゆる課題をクリアする突破口になったりもします。チームで仕事をする際、個の力は足し算ではなく掛け算で増えていくもの。メンバーの成長していく姿を見ることで、私自身も成長させてもらえていると感じることも少なくありません。私のキャリアビジョンは、海洋事業のスペシャリストとなり、多国籍チームのポテンシャルを最大限に引き出すプロジェクトマネージャーとして活躍すること。そして着実にビジネスを創出して、FSRUのリーディングカンパニーへ。その流れを呼び込む主導者になりたいと思います。

陸上総合職【事務系，技術系】

募集職種	■陸上総合職（事務系） 営業部門における船舶の運航管理・運送契約獲得の営業・船舶調達、管理部門における財務・法務・企画・人事など。 ■陸上総合職（技術系） 技術部門における新造船・改造船の計画・契約、船体・機関・電機設計の計画・立案、設計図の査定、建造監督、ならびに技術研究開発・調査など。 ■海上職（自社養成コース） 航海士：船舶の操縦、船員への指示管理、荷物の運搬、その他船舶運航など 機関士：主機関・補機類の修理・整備・管理、発電・造水・空調、補油計画など ※最終的な応募（エントリーシート提出時）では、上記「陸上総合職（事務系）」、「陸上総合職（技術系）」、「海上職（自社養成コース）」のいずれか一つをお選びいただきます ■海上職（商船コース） 航海士：船舶の操縦、船員への指示管理、荷物の運搬、その他船舶運航など 機関士：主機関・補機類の修理・整備・管理、発電・造水・空調、補油計画など

応募資格 **募集学科**	■陸上総合職（事務系） 2025年3月までに4年制大学もしくは大学院卒業（見込み）の方 これまでに正社員として就業経験のない方 当社役職員の子女・兄弟姉妹の関係に当たらない方 日本国籍または当社における就労が可能な在留資格を有する方（入社までに取得見込みの方を含む） ≪募集学科≫ 全学部全学科（文系・理系問わず） ■陸上総合職（技術系） 2025年3月までに4年制大学もしくは大学院卒業（見込み）の方 これまでに正社員として就業経験のない方 当社役職員の子女・兄弟姉妹の関係に当たらない方 日本国籍または当社における就労が可能な在留資格を有する方（入社までに取得見込みの方を含む） ≪募集学科≫ 理工系全学部全学科 ■海上職（自社養成コース） 2025年3月までに4年制大学もしくは大学院卒業（見込み）の方 これまでに正社員として就業経験のない方 当社役職員の子女の関係に当たらない方 日本国籍または当社において船員として就労が可能な在留資格を有する方（入社までに取得見込みの方を含む） ≪募集学科≫ 全学部全学科（文系・理系問わず） ■海上職（商船コース） 2025年3月までに卒業見込みの方または2025年9月までに乗船実習修了見込みの方（社船実習含む） これまでに正社員として就業経験のない方 当社役職員の子女の関係に当たらない方 日本国籍または当社において船員として就労が可能な在留資格を有する方（入社までに取得見込みの方を含む）

採用条件	■海上職（商船コース） 2025年入社時点で、三級海技士免状（航海・機関）を取得していること 2025年入社時点で、二級海技士免状（航海・機関）筆記試験に合格していること 第三級海上無線通信士免状、もしくは、一級海上特殊無線技士免状を取得していること（但し、航海士に限る） 衛生管理者適任証書を取得していること（但し、船舶衛生管理に関する講義のある教育機関の卒業者に限る） 船員法に定められた海上職員に係る『身体適性基準』について、色覚及び聴覚検査項目に異常がないこと
勤務予定地	■陸上総合職（事務系・技術系） 本社：京浜地区 海外現地法人：シンガポール、ロンドン、中国を中心に約30ヵ国
勤務時間	■陸上総合職（事務系・技術系） 9：00～17：00(フレックスタイム制) 実働時間7時間（休憩時間1時間）
給与	■陸上総合職（事務系・技術系）　2023年4月初任給実績 大卒　月給27万5千円 修士卒　月給30万5千円 ■海上職（自社養成コース）2023年4月初任給実績 大卒・修士卒　月給20万8千円 ■海上職（商船コース）2023年4月初任給実績 大卒　月給27万5千円 商船高等専門学校卒　月給25万2千円
昇給	年1回（4月）
賞与	年4回（6月、9月、12月、翌年3月）
休日休暇	完全週休2日制（土日）、祝日、メーデー（5月1日）、年末年始、夏季休暇（7日間）、有給休暇（初年度15日、1年ごとに1日増加、最大20日）、創立記念日（4月1日午後のみ）、慶弔など特別休暇

諸手当	■陸上職総合職（事務系・技術系） 通勤交通費（出社日数に応じて支給）、住宅手当、在宅手当他 ■海上職（自社養成コース・商船コース） 当社規定による
保険	■陸上職総合職（事務系・技術系） 雇用保険、労災保険、健康保険、厚生年金保険 ■海上職（自社養成コース） 雇用保険、労災保険、船員保険、厚生年金保険、健康保険（陸上勤務時） ■海上職（商船コース） 雇用保険、労災保険、船員保険、厚生年金保険、健康保険（陸上勤務時）
福利厚生	独身寮、社宅、各種保養所、総合グラウンド、社員クラブ、リゾートクラブ・フィットネスクラブ法人会員、クラブ活動、住宅財形制度、貸付金、社員持株会 他

✔ 採用の流れ (出典：東洋経済新報社『就職四季報』)

エントリーの時期	【総】２月～４月　【技】２月～２月
採用プロセス	【総】ES提出（2～4月）→Webテスト→面接（3回）→内々定　【技】ES提出（2月）→Webテスト→面接（3回）→内々定

採用実績数				

	大卒男	大卒女	修士男	修士女
2022年	34 （文：17 理：17）	11 （文：9 理：2）	5 （文：0 理：5）	2 （文：1 理：1）
2023年	40 （文：26 理：14）	13 （文：11 理：2）	12 （文：1 理：11）	3 （文：0 理：3）
2024年	41 （文：21 理：20）	17 （文：14 理：3）	15 （文：3 理：12）	4 （文：1 理：3）

採用実績校

【文系】
（大学院）早稲田大学，東京大学，筑波大学
（大学）早稲田大学，慶應義塾大学，同志社大学，東京大学，明治大学，国際基督教大学，関西学院大学，上智大学，一橋大学，北海道大学，津田塾大学，青山学院大学
【理系】
（大学院）早稲田大学，京都大学，大阪大学，九州大学，長崎大学，横浜国立大学，近畿大学，東京都立大学，青山学院大学，法政大学
（大学）東神戸大学，京海洋大学，早稲田大学，筑波大学
（高専）鳥羽商船高等専門学校，弓削商船高等専門学校，広島商船高等専門学校，大島商船高等専門学校

✔2023年の重要ニュース （出典：日本経済新聞）

■商船三井、洋上風力発電の保守人材らの訓練設備を建設へ（2/6）

　商船三井は6日、洋上風力発電の運用・保守管理の人材を訓練する設備を建設すると発表した。2024年度末までに、風力発電設備保守の北拓（北海道旭川市）の北九州支店の敷地内に洋上風車の基礎部分の実機を建てる。

　洋上風力発電分野で先行する欧州の事例などを参考にし、メンテナンスのトレーニングをする。北拓の社員やメンテナンス関連企業などの人材を対象にする。商船三井は船員養成で培った知見や資金調達の側面から支援する。

　商船三井は作業船の訓練コースも増やす。商船三井傘下のMOLマリン＆エンジニアリング（東京・港）のシミュレーターを活用し、建設作業に使われるSEP船や保守作業支援船（SOV）などの訓練コースを設ける。

■「商船三井フェリー」と「フェリーさんふらわあ」合併へ（2/13）

　商船三井は13日、100%出資する「商船三井フェリー」（東京・千代田）と「フェリーさんふらわあ」（大分市）を統合すると発表した。商船三井フェリーを存続会社とし、10月1日に合併する。

　2社は国内でフェリーや、貨物を積んだトラックや荷台ごと輸送できる「RORO船」の運航を手掛けている。新会社の運航隻数はフェリー10隻、RORO船5隻となる。脱炭素化やドライバー不足など、変化する輸送ニーズに備える。

　商船三井は4月に「ウェルビーイングライフ営業本部」を新設する。フェリーやRORO船、不動産、クルーズ事業などを管轄し、事業の柱のひとつとする。

■商船三井、メタノール燃料の内航タンカー建造へ　国内初（3/23）

　商船三井は23日、国内初となるメタノールを燃料とする内航タンカーを建造すると発表した。2024年12月の完成を予定する。重油と比べて二酸化炭素（CO_2）排出量を最大15%削減する。

　商船三井と商船三井内航（東京・港）が運航ノウハウを共有し、阪神内燃機工業（神戸市）がメタノールエンジンを開発・製造する。船は村上秀造船グループのカナサシ重工（静岡）が建造する。田渕海運（大阪市）、新居浜海運（愛媛県新居浜市）が乗組員の手配や船舶管理をする。

船の建造価格は明らかにしていないが、エンジン単体でみると重油と比べて2割ほど上昇するという。

外航船はコンテナ船を中心にメタノール燃料の導入が進んできた。商船三井も5隻のメタノール燃料船を運航している。国内で利用されているメタノールは全量が輸入で、そのほとんどが化石燃料からつくられている。建造する内航タンカーも化石燃料由来のメタノールからスタートする。

将来は家畜のふん尿などからつくったバイオメタノールを採用するなどし、さらにCO2排出量の削減を期待できる。

バイオメタノールは温室効果がCO2の25倍とされるメタンを製造過程で回収する。燃料の製造から消費までのライフサイクルベースでCO2排出量を実質ゼロにすることも可能。商船三井は50年までにグループの温暖化ガス排出実質ゼロ目標を掲げている。

■東洋建設と商船三井、洋上風力で共同出資会社（6/9）

東洋建設と商船三井は9日、洋上風力発電関連のエンジニアリングや施工を手がける共同出資会社を6月末に設立すると発表した。資本金は500万円で50%ずつ出資し、調査や計画、作業船舶の調達などを手がける。洋上風力関連の施工でシェア拡大をめざす。

東洋建設は中堅のマリコン（海洋土木）で、作業船を用いた洋上施工のノウハウを持つ。国内最大となる自航式のケーブル敷設船を2024年度に建造開始し、27年度にも洋上風力の施工に投入する予定だ。中期経営計画では29年度に洋上風力関連の売上高を120億円に拡大する目標を掲げている。

商船三井は船舶の建造や保有、運航の実績がある。長期の経営計画では不動産や洋上風力など非海運の税引き前利益を、36年3月期に1200億円にする目標を掲げている。

両社は22年2月に洋上風力の作業船について協業を検討する覚書を締結していた。今後、共同出資会社を通じて洋上風力の運転・保守（O&M）などにも事業を拡大する。

✔2022年の重要ニュース （出典：日本経済新聞）

■商船三井、ペトロナスと液化CO2輸送船の開発検討（2/8）

　商船三井は8日、マレーシア国営石油大手ペトロナスと、液化二酸化炭素（CO_2）の海上輸送に使う船舶の開発などを検討すると発表した。工場などから回収したCO_2を貯留・再利用する「CCUS」と呼ばれる取り組みで、回収後のCO_2を貯留地などに海上輸送するのに使う見通し。

　商船三井は2021年3月、食品など産業用途の液化CO_2専用船運航で実績を持つノルウェーのラルビック・シッピングに出資し、液化CO_2の海上輸送事業を始めた。今回の検討にはラルビック・シッピングも加わり、安全輸送のノウハウなどを生かす。

■海洋温度差発電　25年稼働、洋上風力より安く（3/29）

　商船三井が「海洋温度差発電」の実用化に乗り出す。海の表面と深層で海水の温度が大きく変わる点を利用して発電するもので、再生可能エネルギーの一つだ。2025年ごろに出力1000キロワット規模の発電所の稼働を目指す。既存設備を活用することで発電コストを洋上風力より安くする。多くの場所に展開できればエネルギー源の多様化につながる。

　新エネルギー・産業技術総合開発機構（NEDO）は同方式による潜在的な発電能力が年470億キロワット時に上ると試算する。国内発電量の約5%に当たる。大規模な実用化は国内で初めて。米ハワイ州やマレーシアなどでも研究が進んできた。

　商船三井は4月、沖縄県が持つ設備の運営を始める。温かい海水で代替フロンを蒸発させタービンを回す。蒸気を冷たい海水で冷やして再利用する仕組みだ。運営を踏まえ1000キロワット規模の発電所を造る。建設費用は数十億円規模となる見込みだ。

　海洋温度差発電はコストが課題だった。今回は養殖業向けなどの取水管を活用することで発電コストを1キロワット時あたり20円程度に抑える計画だ。経済産業省の試算によると30年時点の洋上風力や石油火力よりも安い水準となる。悪天候でも発電量が変動しない点を生かし、安定電源として利用する。

　一段のコスト低減を目指すには発電設備の大型化や発電機の量産などが必要になる。海洋温度差発電を含め海洋エネルギーを使った発電は固定価格買い取り制度（FIT）の対象になっておらず、企業が参入しやすい環境整備も求められる。

　沖縄では県が久米島に小規模設備を設置し、13年から実証試験した経緯がある。

　商船三井は将来はインドネシアなどでも海洋温度差発電所の建設を目指す。海

面に浮くタイプの発電機の技術開発のほか、波を使って発電する技術の国内展開も検討している。海運事業での知見を生かし海洋エネルギー発電を普及させたい考えだ。

海洋エネルギーを使った発電はイギリスや米国などでも開発が進む。再生エネの中でも海洋エネルギーは太陽光や風力に比べて活用が遅れており、普及すれば新たなエネルギー資源になる。

■ 2 期連続最高益、コンテナ船好調　今期最終（10/31）

商船三井は 31 日、2023 年 3 月期の連結純利益が前期比 11% 増の 7900 億円になるとの見通しを発表した。7000 億円とした従来予想を 900 億円上回り、2 期連続で最高益を更新する。上期（4 〜 9 月期）のコンテナ船事業が好調だったほか、円安も利益の押し上げ要因となる。欧米の利上げや景気後退の懸念が強まっており、業績の先行きには不透明感もある。

上方修正は今期で 2 度目となる。売上高は 26% 増の 1 兆 6000 億円、純利益は期初予想の 5000 億円から 58% 上振れする。けん引役は国内海運大手 3 社で共同出資するコンテナ船事業会社「オーシャン・ネットワーク・エクスプレス（ONE）」だ。

ドル収入が大半とされる国際海運業界では円安は業績にプラスに働く。商船三井は 125 円としていた通期の想定為替レートを 132.99 円に引き上げた。経常利益への感応度は 1 円の円安で 42 億円の増益としている。

上期は供給網の混乱の長期化による在庫積み増しなどを背景に、好調な事業環境が続いた。コンテナ船事業では短期のスポット（随時契約）運賃に加え、1 年単位の長期契約運賃の引き上げが進み、利益水準が大きく引き上げられた。

ただ、足元では欧米のインフレや利上げによる景気減速を受けて、コンテナ船運賃が急激に下落している。国際指標である上海航運交易所の 10 月末時点のスポット運賃は、4 月初旬比で上海発米西海岸向けが 76% 安、上海発欧州向けが 67% も下落し、新型コロナウイルス禍前の水準に近づいている。

純利益は上期が前年同期比 2.2 倍の 6015 億円となるが、下期（22 年 10 月〜 23 年 3 月期）は 57% 減の 1885 億円になる見通し。記者会見した橋本剛社長は来期以降のコンテナ船事業について「極端に悲観的な見方はしていない。ただ、世界経済全体が調整色を強めており、下期に比べてもう一段軟調なマーケットになるとみている」と語った。

同日、今期の期末配当を 50 円増の 250 円とし、年間配当を 550 円に引き上げると発表した。

✔2021年の重要ニュース（出典：日本経済新聞）

■商船三井、スタートアップ投資子会社を設立（1/21）

　商船三井は21日、スタートアップ企業に出資するコーポレートベンチャーキャピタル（CVC）を5月に立ち上げると発表した。出資枠は40億円で海上輸送や環境事業など、商船三井グループの事業に関連する企業を中心に投資する。海運業界は業績が市況に左右されやすい。新興企業のノウハウも取り入れながら、新たなサービスやビジネスモデルを探る。

　商船三井がCVCを設けるのは初めてで、同グループが2019年に始めた社員の提案制度の第1弾。1案件あたりの出資額に上限は定めていない。海運業界のビジネスモデルを変える可能性を持つ企業の発掘を目指す。

　提案者で鉄鋼原料船や自動車船事業に携わってきた阪本拓也氏が代表に就く。阪本代表は設立の理由について「海運は市況に依存し他社との差別化が難しいとされてきたが、（投資を通じて）ビジネスチャンスを広げたい」とコメントしている。

■商船三井　液化CO2輸送に参入　欧州海運に出資（3/19）

　商船三井は19日、液化した二酸化炭素（CO2）の輸送事業に参入すると発表した。ノルウェーの船舶管理会社に出資し、2024年にも同国で共同輸送を始める。鉄鋼やセメント製造企業などから排出されるCO2を回収して埋蔵・再利用し、大気中のCO2削減につなげたい考えだ。

　食品など産業向け液化CO2の専用船の運航で実績を持つノルウェーのラルビック・シッピング社に25%出資する。出資額は非公表だが数億円規模とみられる。船員も派遣する。液化天然ガス（LNG）などの低温輸送で培った運航の知見をラルビック社と共有し、船の大型化や運航の効率化も共同で取り組んでいく方針だ。

　自社船員からは輸送のノウハウを得ることで、自前での輸送船運航も視野に入れる。同社によると、埋蔵や再利用を目的とした液化CO2の海上輸送は世界でもほとんど前例がない。

　工場などから排出されるCO2を回収して埋蔵地や再利用地に運ぶ取り組みはCCUS（二酸化炭素の回収・利用・貯留）と呼ばれ、国際エネルギー機関（IEA）によると70年までの累計CO2削減量の15%を担うと見られている。日本ではCO2を化学品や燃料などに加工したり、コンクリートなどに再利用したりする実証が進んでいる。

■商船三井、日本コンセプトと新会社　中国やインドに営業（6/23）

　商船三井は23日、同社傘下の商船三井ロジスティクスや、液体貨物輸送の日本コンセプトと共同で新会社を設立すると発表した。日本コンセプトのタンクコンテナ輸送事業の海外営業などを担う。今後は両社の海外拠点を活用し、化学品需要の伸びが見込める中国やインドにも営業活動を広げる。

　新会社のMOLロジスティクス・タンクコンテナ（東京・千代田）の資本金は900万円。日本コンセプトが34％、商船三井と商船三井ロジスティクスが33％ずつ出資する。これまでも商船三井ロジスティクスがメキシコなど一部の国で海外営業を引き受けていた。

■大型アンモニア輸送船開発　26年就航目指す（11/4）

　商船三井は4日、アンモニアを燃料とした大型アンモニア輸送船を開発すると発表した。名村造船所と三菱重工業傘下の三菱造船（横浜市）と共同で開発する。2026年の就航を目指す。燃焼時に二酸化炭素（CO_2）を排出しない次世代燃料としてのアンモニアの輸送需要の増加に応えるため、大型輸送船の開発を急ぐ。

　アンモニアを燃料とするアンモニア輸送船の開発は国内で初めてとみられる。3社で基本設計を進め、三菱造船は輸送用のアンモニアを積載するタンクなどを開発する。開発する輸送船の大きさは未定としているが、10万立方メートル規模のアンモニアを運べる大型船になるとみられる。

　アンモニアは重油や液化天然ガス（LNG）に代わる次世代燃料として注目され、船舶燃料や火力発電所向けの需要拡大も見込まれている。国内では30年時点で年300万トン、50年時点で3000万トンの需要があると推定されている。

　商船三井は50年までにグループ全体の温暖化ガス排出量を実質ゼロとする目標を掲げている。そのために35年までにアンモニアや水素などを燃料とする船を110隻導入する計画だ。

✔ 就活生情報

自分がやりたいことを確実に伝えるとよいです。人物重視です

総合職 2020卒

エントリーシート
・形式：サイトからダウンロードした用紙に手書き

セミナー
・選考とは無関係
・服装：リクルートスーツ

筆記試験
・形式：Webテスト

面接（個人・集団）
・雰囲気：和やか
・回数：3回

内定
・拘束や指示：特になし
・通知方法：電話
・タイミング：予定より早い

● その他受験者からのアドバイス

・採用のテンポが速く，面接も和やか。
・エリア外の地方民でも交通費が全額支給。
・新型コロナウイルスの関係で，対面での説明会の回数が少ない

面接では元気の良さを前面に押し出して，相手との会話を楽しむつもりで臨んでください

陸上総合職 2018卒

エントリーシート
・形式：Web上で記入して送信する形式

セミナー
・記載なし

筆記試験
・形式：玉手箱
・結果通知時期は，２週間以内。結果通知方法は，メールで

面接（個人・集団）
・質問内容：自己紹介。学生時代に頑張ったこと。苦手な人との接し方，自分の強みとそれが活きたエピソード。海運の志望理由

内定
・記載なし

▶ その他受験者からのアドバイス
・あまりにも話しやすい雰囲気だが，質問の数が多い割に面接の時間が非常に短いため，簡潔に相手の質問に答えることに気を付けていた
・こちらの話を真剣に，かつ笑顔で聞いてくれるのでとても話しやすかった

自分はサラリーマンとして何をやりたいのか？ということを，学生生活を通じて形成することが重要だと思います

陸上職 2015卒

エントリーシート

・形式：Web上で記入して送信
・内容：卒業論文概要，学業以外の活動内容，資格・特技・趣味，語学力，企業選びのポイント，興味のある事業・分野とその理由，最も誇れる成功体験，海運を通して叶えたい夢や目標を踏まえた志望理由，など

セミナー

・選考とは無関係
・服装：リクルートスーツ
・内容：内容は普通の説明会。面白みは無い

筆記試験

・形式：マークシート
・科目：英語／数学，算数／国語，漢字／性格テスト。内容はオリジナル。数学，英語は非常に簡単。論理は半分取れれば通るのではないか

面接（個人・集団）

・雰囲気：和やか
・回数：4回
・質問内容：エントリーシートの内容にはほとんど触れず。その場で考えさせ，論理的思考力，センス等を見ている印象。商社志望ではない理由

内定

・拘束や指示：他社の選考を辞退するよう指示された
・通知方法：電話

● その他受験者からのアドバイス

・社員の方は人格者が多く，待遇も良いので働きやすい職場であることは間違いないと思う。企業ホームページをよく読み企業研究を行った。実際にセミナーや説明会に足を運び，自分のキャラクターと会社の雰囲気が合っているかどうかを確かめることも必要だと思う

ES等の提出物は早めに出しましょう

陸上総合職 2014卒

エントリーシート

・内容：興味のある事業・分野と理由，興味のある業界・企業，最も誇れる成功体験，商船三井の求める人材像を実践することができた経験

セミナー

・選考とは無関係
・服装：リクルートスーツ

筆記試験

・形式：Webテスト
・科目：英語／数学，算数／国語，漢字／その他。内容は，テストセンター

面接（個人・集団）

・回数：4回
・質問内容：志望動機，学生時代取り組んだこと，入社後やりたいこと

内定

・通知方法：電話

● その他受験者からのアドバイス

・よかった点は，学生に対して親切だったこと

商船三井を受験する人は，商社も受けていることが多いと思う。商社ではなく，なぜ海運なのか，なぜ商船三井なのかを説明できるようにすること

陸上総合職 2010卒

エントリーシート

・形式：Web上で記入
・内容：質問内容は，卒論，学業外活動，資格・特技・趣味，長所・短所，企業選びのポイント，当社で興味のある事業とその理由，当社以外で興味のある業種・会社，志望動機と夢，難題を乗り越えた経験について，など

セミナー

・選考とは無関係

筆記試験

・形式：マークシートだった。
・科目：英語／数学，算数／国語，漢字／論作文。数学の問題が出題された

面接（個人・集団）

・回数：3回
・質問内容：二次面接までは和やか，最終面接の迫力は圧巻。全体を通してエントリーシートの内容についてはあまり聞かれなかった。雰囲気や機転，論理力を見ている印象

グループディスカッション

・7人で小売店の経営戦略を練る。最後に結論を発表することはない

内定

・拘束や指示：他社の選考辞退を指示された
・通知方法：電話
・タイミング：予定より早い

● その他受験者からのアドバイス

・人物重視の面接だと感じた。普段から人とのコミュニケーションを大切にし，自分の長所と短所を客観的に把握しておこう。志望理由に具体的な経験談を絡ませるといい。その為にも学外活動を頑張ることは大事だと痛感

仕事をする上での能力は入社後身に付けるもの。面接では，その人の生き方，考え方が問われる。自分自身がどの企業にマッチするのか吟味しよう

事務系総合職 2010卒

エントリーシート

・形式：Web上で記入
・内容：質問内容は，卒論，学業外活動，資格・特技・趣味，長所・短所，企業選びのポイント，当社で興味のある事業とその理由，当社以外で興味のある業種・会社，志望動機と夢，難題を乗り越えた経験について，など

セミナー

・選考とは無関係
・服装：リクルートスーツ
・内容：海運業界の全体像，商船三井の特色，15人程度に分かれて懇談会，数枚の資料と「商船三井の歩き方」（ダイヤモンド社）が無料配布された

筆記試験

・形式：マークシート
・科目：英語/数学，算数/国語，漢字/性格テスト。高校1年程度の数学英語は大学受験レベルには及ばない，論理は短時間にまとまった文章を並べ替える

面接（個人・集団）

・回数：3回
・質問内容：自己紹介，志望動機，学生生活，趣味など。ほぼ全ての質問（最終を除く）がエントリーシートに記述した内容に沿ったもの

内定

・拘束や指示：他社の選考辞退を指示された
・通知方法：電話
・タイミング：予定より早い

● その他受験者からのアドバイス

・説明会で配布された資料や採用ホームページを読み込むことが大切。面接中に質問して，疑問点を解消しよう。自分自身を掘り下げて，エントリーシートに書くべき具体的なネタを思い出すといい

✔ 有価証券報告書の読み方

01 部分的に読み解くことからスタートしよう

　「有価証券報告書（以下，有報）」という名前を聞いたことがある人も少なくはないだろう。しかし，実際に中身を見たことがある人は決して多くはないのではないだろうか。有報とは上場企業が年に1度作成する，企業内容に関する開示資料のことをいう。開示項目には決算情報や事業内容について，従業員の状況等について記載されており，誰でも自由に見ることができる。

　一般的に有報は，証券会社や銀行の職員，または投資家などがこれを読み込み，その後の戦略を立てるのに活用しているイメージだろう。その認識は間違いではないが，だからといって就活に役に立たないというわけではない。就活を有利に進める上で，お得な情報がふんだんに含まれているのだ。ではどの部分が役に立つのか，実際に解説していく。

■有価証券報告書の開示内容

　では実際に，有報の開示内容を見てみよう。

有価証券報告書の開示内容
第一部【企業情報】
第1　【企業の概況】
第2　【事業の状況】
第3　【設備の状況】
第4　【提出会社の状況】
第5　【経理の状況】
第6　【提出会社の株式事務の概要】
第7　【提出会社の状参考情報】
第二部【提出会社の保証会社等の情報】
第1　【保証会社情報】
第2　【保証会社以外の会社の情報】
第3　【指数等の情報】

有報は記載項目が統一されているため，どの会社に関しても同じ内容で書かれている。このうち就活において必要な情報が記載されているのは，第一部の第1【企業の概況】〜第5【経理の状況】まで，それ以降は無視してしまってかまわない。

　第1【企業の概況】には役立つ情報が満載。そんな中，最初に注目したいのは，冒頭に記載されている【主要な経営指標等の推移】の表だ。

回次		第25期	第26期	第27期	第28期	第29期
決算年月		平成24年3月	平成25年3月	平成26年3月	平成27年3月	平成28年3月
営業収益	（百万円）	2,532,173	2,671,822	2,702,916	2,756,165	2,867,199
経常利益	（百万円）	272,182	317,487	332,518	361,977	428,902
親会社株主に帰属する当期純利益	（百万円）	108,737	175,384	199,939	180,397	245,309
包括利益	（百万円）	109,304	197,739	214,632	229,292	217,419
純資産額	（百万円）	1,890,633	2,048,192	2,199,357	2,304,976	2,462,537
総資産額	（百万円）	7,060,409	7,223,204	7,428,303	7,605,690	7,789,762
1株当たり純資産額	（円）	4,738.51	5,135.76	5,529.40	5,818.19	6,232.40
1株当たり当期純利益	（円）	274.89	443.70	506.77	458.95	625.82
潜在株式調整後1株当たり当期純利益	（円）	―	―	―	―	―
自己資本比率	（％）	26.5	28.1	29.4	30.1	31.4
自己資本利益率	（％）	5.9	9.0	9.5	8.1	10.4
株価収益率	（倍）	19.0	17.4	15.0	21.0	15.5
営業活動によるキャッシュ・フロー	（百万円）	558,650	588,529	562,763	622,762	673,109
投資活動によるキャッシュ・フロー	（百万円）	△370,684	△465,951	△474,697	△476,844	△499,575
財務活動によるキャッシュ・フロー	（百万円）	△152,428	△101,151	△91,367	△86,636	△110,265
現金及び現金同等物の期末残高	（百万円）	167,525	189,262	186,057	245,170	307,809
従業員数 [ほか、臨時従業員数]	（人）	71,729 [27,746]	73,017 [27,312]	73,551 [27,736]	73,329 [27,313]	73,053 [26,147]

　見慣れない単語が続くが，そう難しく考える必要はない。特に注意してほしいのが，**営業収益**，**経常利益**の二つ。営業収益とはいわゆる**総売上額**のことであり，これが企業の本業を指す。その営業収益から営業費用（営業費（販売費＋一般管理費）＋売上原価）を差し引いたものが**営業利益**となる。会社の業種はなんであれ，モノを顧客に販売した合計値が営業収益であり，その営業収益から人件費や家賃，広告宣伝費などを差し引いたものが営業利益と覚えておこう。対して経常利益は営業利益から本業以外の損益を差し引いたもの。いわゆる金利による収益や不動産収入などがこれにあたり，本業以外でその会社がどの程度の力をもっているかをはかる絶好の指標となる。

■会社のアウトラインを知れる情報が続く。

　この主要な経営指標の推移の表につづいて,「会社の沿革」,「事業の内容」,「関係会社の状況」「従業員の状況」などが記載されている。自分が試験を受ける企業のことを, より深く知っておくにこしたことはない。会社がどのように発展してきたのか, 主としている事業はどのようなものがあるのか, 従業員数や平均年齢はどれくらいなのか, 志望動機などを作成する際に役立ててほしい。

03　事業の状況の注目ポイント

　第2となる【事業の状況】において, 最重要となるのは**業績等の概要**といえる。ここでは1年間における収益の増減の理由が文章で記載されている。「○○という商品が好調に推移したため, 売上高は△△になりました」といった情報が, 比較的易しい文章で書かれている。もちろん, 損失が出た場合に関しても包み隠さず記載してあるので, その会社の1年間の動向を知るための格好の資料となる。

　また, 業績については各事業ごとに細かく別れて記載してある。例えば鉄道会社ならば, ①運輸業, ②駅スペース活用事業, ③ショッピング・オフィス事業, ④その他といった具合だ。**どのサービス・商品がどの程度の売上を出したのか**, 会社の持つ展望として, 今後**どの事業をより活性化**していくつもりなのか, などを意識しながら読み進めるとよいだろう。

■「対処すべき課題」と「事業等のリスク」

　業績等の概要と同様に重要となるのが,「**対処すべき課題**」と「**事業等のリスク**」の2項目といえる。ここで読み解きたいのは, その会社の**今後の伸びしろ**について。いま, 会社はどのような状況にあって, どのような課題を抱えているのか。また, その課題に対して取られている対策の具体的な内容などから経営方針などを読み解くことができる。リスクに関しては法改正や安全面, 他の企業の参入状況など, 会社にとって決してプラスとは言えない情報もつつみ隠さず記載してある。客観的にその会社を再評価する意味でも, ぜひ目を通していただきたい。

　次代を担う就活生にとって, ここの情報はアピールポイントとして組み立てやすい。「新事業の○○の発展に際して……」,「御社が抱える●●というリスクに対して……」などという発言を面接時にできれば, 面接官の心証も変わってくるはずだ。

最後に注目したいのが，第5【経理の状況】だ。ここでは，簡単にいえば【主要な経営指標等の推移】の表をより細分化した表が多く記載されている。ここの情報をすべて理解するのは，簿記の知識がないと難しい。しかし，そういった知識があまりなくても，読み解ける情報は数多くある。例えば**損益計算書**などがそれに当たる。

連結損益計算書

(単位：百万円)

	前連結会計年度 （自 平成26年4月1日 至 平成27年3月31日）	当連結会計年度 （自 平成27年4月1日 至 平成28年3月31日）
営業収益	2,756,165	2,867,199
営業費		
運輸業等営業費及び売上原価	1,806,181	1,841,025
販売費及び一般管理費	※1 522,462	※1 538,352
営業費合計	2,328,643	2,379,378
営業利益	427,521	487,821
営業外収益		
受取利息	152	214
受取配当金	3,602	3,703
物品売却益	1,438	998
受取保険金及び配当金	8,203	10,067
持分法による投資利益	3,134	2,565
雑収入	4,326	4,067
営業外収益合計	20,858	21,616
営業外費用		
支払利息	81,961	76,332
物品売却損	350	294
雑支出	4,090	3,908
営業外費用合計	86,403	80,535
経常利益	361,977	428,902
特別利益		
固定資産売却益	※4 1,211	※4 838
工事負担金等受入額	※5 59,205	※5 24,487
投資有価証券売却益	1,269	4,473
その他	5,016	6,921
特別利益合計	66,703	36,721
特別損失		
固定資産売却損	※6 2,088	※6 1,102
固定資産除却損	※7 3,957	※7 5,105
工事負担金等圧縮額	※8 54,253	※8 18,346
減損損失	※9 12,738	※9 12,297
耐震補強重点対策関連費用	8,906	10,288
災害損失引当金繰入額	1,306	25,085
その他	30,128	8,537
特別損失合計	113,379	80,763
税金等調整前当期純利益	315,300	384,860
法人税、住民税及び事業税	107,540	128,972
法人税等調整額	26,202	9,326
法人税等合計	133,742	138,298
当期純利益	181,558	246,561
非支配株主に帰属する当期純利益	1,160	1,251
親会社株主に帰属する当期純利益	180,397	245,309

主要な経営指標等の推移で記載されていた**経常利益**の算出する上で必要な営業外収益などについて，詳細に記載されているので，一度目を通しておこう。

いよいよ次ページからは実際の有報が記載されている。ここで得た情報をもとに有報を確実に読み解き，就職活動を有利に進めよう。

✔ 有価証券報告書

企業の概況

1　主要な経営指標等の推移

（1）　連結経営指標等 ···

回次		2018年度	2019年度	2020年度	2021年度	2022年度
決算年月		2019年3月	2020年3月	2021年3月	2022年3月	2023年3月
売上高	（百万円）	1,234,077	1,155,404	991,426	1,269,310	1,611,984
経常利益	（百万円）	38,574	55,090	133,604	721,779	811,589
親会社株主に帰属する当期純利益	（百万円）	26,875	32,623	90,052	708,819	796,060
包括利益	（百万円）	25,166	2,612	75,332	776,951	992,444
純資産額	（百万円）	651,607	641,235	699,150	1,334,866	1,937,621
総資産額	（百万円）	2,134,477	2,098,717	2,095,559	2,686,701	3,564,247
1株当たり純資産額	（円）	1,463.46	1,430.77	1,610.04	3,532.32	5,322.35
1株当たり当期純利益金額	（円）	74.91	90.93	250.99	1,970.16	2,204.04
潜在株式調整後1株当たり当期純利益金額	（円）	72.36	87.85	250.22	1,960.97	2,196.51
自己資本比率	（％）	24.60	24.46	27.57	47.44	54.02
自己資本利益率	（％）	5.19	6.28	16.51	76.53	49.76
株価収益率	（倍）	10.60	6.40	5.15	1.74	1.50
営業活動によるキャッシュ・フロー	（百万円）	55,248	100,723	98,898	307,637	549,925
投資活動によるキャッシュ・フロー	（百万円）	△198,341	△107,250	△54,660	△107,450	△281,995
財務活動によるキャッシュ・フロー	（百万円）	70,520	△728	△61,705	△191,784	△281,709
現金及び現金同等物の期末残高	（百万円）	119,155	102,283	83,436	97,135	91,047
従業員数 （外、平均臨時雇用者数）	（人）	8,941 (2,290)	8,931 (2,377)	8,571 (2,463)	8,547 (2,494)	8,748 (2,485)

（注）1．当社は，2022年4月1日付で普通株式1株につき3株の割合で株式分割を行っております。2018年度の期首に当該株式分割が行われたと仮定して，1株当たり純資産額，1株当たり当期純利益金額及び潜在株式調整後1株当たり当期純利益金額を算定しております。

　　　2．「収益認識に関する会計基準」（企業会計基準第29号　2020年3月31日）等を2021年度の期首から

🅟 **主要な経営指標等の推移**

　数年分の経営指標の推移がコンパクトにまとめられている。見るべき箇所は連結の売上，利益，株主資本比率の3つ。売上と利益は順調に右肩上がりに伸びているか，逆に利益で赤字が続いていたりしないかをチェックする。株主資本比率が高いとリーマンショックなど景気が悪化したときなどでも経営が傾かないという安心感がある。

適用しており，2021年度以降に係る主要な経営指標等については，当該会計基準等を適用した後の指標等となっております。

（2）　提出会社の経営指標等 ···

回次		2018年度	2019年度	2020年度	2021年度	2022年度
決算年月		2019年3月	2020年3月	2021年3月	2022年3月	2023年3月
売上高	（百万円）	760,166	700,120	585,630	765,214	821,375
経常利益	（百万円）	36,260	32,443	23,457	260,240	469,984
当期純利益 又は当期純損失（△）	（百万円）	36,946	15,793	△9,169	270,004	462,022
資本金	（百万円）	65,400	65,400	65,400	65,400	65,589
発行済株式総数	（株）	120,628,611	120,628,611	120,628,611	120,628,611	362,010,900
純資産額	（百万円）	199,606	198,234	194,574	419,739	655,609
総資産額	（百万円）	1,031,335	1,008,170	1,009,922	1,231,491	1,595,956
1株当たり純資産額	（円）	551.31	547.92	538.43	1,161.06	1,810.77
1株当たり配当額 （内1株当たり中間配当額）	（円）	45.0 (20.0)	65.0 (30.0)	150.0 (15.0)	1,200.0 (300.0)	560.0 (300.0)
1株当たり当期純利益金額又は1株当たり当期純損失金額（△）	（円）	102.98	44.02	△25.56	750.46	1,279.16
潜在株式調整後1株当たり当期純利益金額	（円）	99.48	42.53	—	746.96	1,274.79
自己資本比率	（％）	19.18	19.50	19.13	34.02	41.05
自己資本利益率	（％）	20.06	8.01	△4.71	88.21	86.04
株価収益率	（倍）	7.71	13.23	—	4.56	2.59
配当性向	（％）	14.6	49.2	—	53.3	43.8
従業員数 （外、平均臨時雇用者数）	（人）	1,026 (231)	1,078 (229)	1,119 (228)	1,098 (238)	1,168 (308)
株主総利回り （比較指標：配当込みTOPIX）	（％） （％）	79.3 (95.0)	60.7 (85.9)	135.1 (122.1)	383.0 (124.6)	427.1 (131.8)
最高株価	（円）	3,490	3,155	4,385	11,640	3,845
最低株価	（円）	2,163	1,487	1,253	3,740	2,578

（注）1．2020年度の潜在株式調整後1株当たり当期純利益金額については，潜在株式は存在するものの1株当たり当期純損失金額であるため記載していません。

　　　2．2020年度の株価収益率及び配当性向については，当期純損失であるため記載しておりません。

　　　3．当社は，2022年4月1日付けで普通株式1株につき3株の割合で株式分割を行っております。2018

(point) **中期経営計画で長期安定利益の確保を目指す**

売上は右肩上がりで増えているが，船会社の事業特性もあり，経常利益のブレ幅はとても大きい。これを改善するために，中期経営計画「Steer For 2020」では長期的に安定した利益を確保することを強調している。シェール革命などによるLNGの需要増加を見越して，より安定したLNG船などに力を入れていくようだ。

年度の期首に当該株式分割が行われたと仮定して，1株当たり純資産額，1株当たり当期純利益金額又は1株当たり当期純損失金額及び潜在株式調整後1株当たり当期純利益金額を算定しております。なお，1株当たり配当額は，当該株式分割前の実際の配当金の額を記載しております。

4．「収益認識に関する会計基準」（企業会計基準第29号 2020年3月31日）等を2021年度の期首から適用しており，2021年度以降に係る主要な経営指標等については，当該会計基準等を適用した後の指標等となっております。

5．株主総利回り及び比較指標の最近5年間の推移は以下のとおりであります。

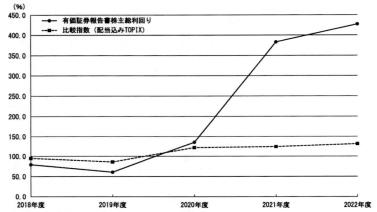

6．最高及び最低株価は，2022年4月4日より東京証券取引所（プライム市場）におけるものであり，それ以前は東京証券取引所（市場第一部）におけるものであります。

2　沿革

　当社は，1964年4月，大阪商船株式会社と三井船舶株式会社の合併により発足した大阪商船三井船舶株式会社が，1999年4月にナビックスライン株式会社と合併し，現在の商号となった会社であります。

　大阪商船株式会社は，1884年5月，関西の船主が大同合併して資本金1,200千円をもって創立され，第二次世界大戦前においてすでに世界有数の定期船会社として大きく発展していた会社であります。

　三井船舶株式会社は，明治初期より海上輸送に着手して以来発展していた三井物産株式会社の船舶部が，1942年12月28日に分離独立し，資本金50,000千円をもって設立されました。

(point) 沿革

　どのように創業したかという経緯から現在までの会社の歴史を年表で知ることができる。過去に行った重要なM＆Aなどがいつ行われたのか，ブランド名はいつから使われているのか，いつ頃から海外進出を始めたのか，など確認することができて便利だ。

両社は，第二次世界大戦により所有船舶のほとんどの船舶の自主運航権を失いましたが，1950年4月に，海運の民営還元が実現した後，運航権の回復と船舶の整備拡充に努めた結果，1950年代前半にはおおむね往年の主要航路の再開をみました。その後，両社の合併を経て，わが国貿易の急速な発展並びに海上輸送形態と積荷の多様化に対応して事業の拡大と多角化に努めてきました。

　株式の上場は，大阪商船株式会社が1884年に大阪株式取引所に，三井船舶株式会社が1949年5月に東京・大阪・名古屋の各証券取引所にそれぞれ上場を開始し，1964年には国内全ての証券取引所に上場を行いました。現在は，東京証券取引所に上場しております。

　1964年の大阪商船三井船舶株式会社発足から現在までの主な沿革は次のとおりであります。

1964年4月	・海運再建整備に関する臨時措置法に基づき，大阪商船株式会社と三井船舶株式会社が（三井船舶株式会社を存続会社として）対等合併し，本店を大阪市に置き商号を「大阪商船三井船舶株式会社」と変更，合併時の資本金131億円，所有船舶86隻127万重量トン
1966年10月	・内航近海部門を分離し，商船三井近海株式会社を設立
1969年8月	・日本沿海フェリー株式会社発足
1970年10月	・船客部門業務を分離し，商船三井客船株式会社設立
1986年8月	・北米における定期船・物流部門を統括するMITSUI O.S.K. LINES（AMERICA），INC.（現，MOL（AMERICA）INC.）を設立
1989年6月	・山下新日本汽船株式会社とジャパンライン株式会社が合併し，ナビックスライン株式会社発足
1989年7月	・三井航空サービス株式会社と商船航空サービス株式会社が合併し，エムオーエアシステム株式会社（現，商船三井ロジスティクス株式会社）発足
1990年8月	・株式会社ダイヤモンドフェリーに資本参加
1993年10月	・日本海汽船株式会社を合併
1995年10月	・新栄船舶株式会社を合併
1996年4月	・東京マリン株式会社（現 MOLケミカルタンカー株式会社）に資本参加
1999年4月	・ナビックスライン株式会社と合併し，商号を「株式会社 商船三井」に変更 ・株式会社商船三井エージェンシイズ（神戸），株式会社商船三井エージェンシイズ（横浜），東海シッピング株式会社，モンコンテナ株式会社が合併し，株式会社エム・オー・エル・ジャパン（現 株式会社MOL JAPAN）が発足し，定航営業部，大阪支店，名古屋支店の業務を同社に移管

(point) **売上高の9割を海運業が占める**

　1999年のナビックスラインとの合併以降も積極的な船隊投資を続け，運航隻数は日本郵船を凌ぐ規模になった。売上高の9割を海運業が占めており，ほぼ海運専業の収益構造である。海運の内訳は，コンテナ船が約半分，ドライバルク船が2割，残りが自動車船，タンカー，LNG。ドライバルク船とLNG船輸送は世界トップシェアだ。

2000年4月	・商船三井興業株式会社，日本工機株式会社，ナビックステクノトレード株式会社が合併し，商船三井テクノトレード株式会社発足
2001年3月	・商船三井フェリー株式会社発足
2001年7月	・株式会社エム・オー・シーウェイズにナビックス近海株式会社の近海部門を移管し，それぞれ商船三井近海株式会社及びナビックス内航株式会社に商号を変更（ナビックス内航株式会社は2003年7月に商船三井内航株式会社と，2014年9月に株式会社商船三井内航とそれぞれ商号を変更）
2004年10月	・ダイビル株式会社の株式を公開買付し，子会社化
2006年3月	・宇徳運輸株式会社（現 株式会社宇徳）の株式を公開買付し，子会社化
2007年6月	・商船三井フェリー株式会社と九州急行フェリー株式会社が合併（存続会社は商船三井フェリー株式会社）
2007年7月	・株式会社ダイヤモンドフェリーと株式会社ブルーハイウエイ西日本が合併（存続会社は株式会社ダイヤモンドフェリー）
2008年10月	・商船三井テクノトレード株式会社と山和マリン株式会社が合併（存続会社は商船三井テクノトレード株式会社）
2009年4月	・関西汽船株式会社を子会社化
2009年9月	・日産専用船株式会社を子会社化
2009年10月	・関西汽船株式会社と株式会社ダイヤモンドフェリーは共同株式移転により株式会社フェリーさんふらわあを設立
2011年10月	・関西汽船株式会社，株式会社ダイヤモンドフェリー，及び株式会社フェリーさんふらわあが合併（存続会社は株式会社フェリーさんふらわあ）
2014年10月	・株式会社エム・オー・エル・マリンコンサルティングと株式会社MOLケーブルシップが合併し，株式会社MOLマリンに商号変更（存続会社は株式会社エム・オー・エル・マリンコンサルティング）
2016年7月	・株式会社ジャパンエキスプレス（本店：横浜）の海外引越事業を商船三井ロジスティクス株式会社に譲渡
2016年10月	・株式会社ジャパンエキスプレス（本店：横浜）の海外引越事業を除く全事業を株式会社宇徳に譲渡（株式会社ジャパンエキスプレス（本店：横浜）は事業を停止）
2017年7月	・当社，川崎汽船株式会社，日本郵船株式会社の3社が，定期コンテナ船事業統合会社としてオーシャンネットワークエクスプレスホールディングス株式会社を設立（在邦持株会社。事業運営会社はOCEAN NETWORK EXPRESS PTE. LTD.）
2021年4月	・株式会社MOLマリンとMOLエンジニアリング株式会社が合併し、MOLマリン&エンジニアリング株式会社に商号変更（存続会社は株式会社MOLマリン）商船三井近海株式会社から商船三井ドライバルク株式会社への商号変更

(point) **事業の内容**

会社の事業がどのようにセグメント分けされているか，そして各セグメントではどのようなビジネスを行っているかなどの説明がある。また最後に事業の系統図が載せてあり，本社，取引先，国内外子会社の製品・サービスや部品の流れが分かる。ただセグメントが多いコングロマリットをすぐに理解するのは簡単ではない。

2022年3月	・株式会社宇徳の株式を公開買付し、完全子会社化
2022年4月	・不定期船事業，木材チップ船事業，およびパナマックス事業（鉄鋼産業・国内電力向けを除く）を商船三井ドライバルク株式会社へ承継 ・ダイビル株式会社の株式を公開買付し，完全子会社化
2022年11月	・商船三井ロジスティクス株式会社は自己株式を取得し，完全子会社化

3　事業の内容

　当社グループは，当社及び連結対象会社509社（うち，連結子会社385社，持分法適用会社124社）からなり，海運業を中心にグローバルな事業展開を図っております。当社グループの事業は，ドライバルク事業，エネルギー事業，製品輸送事業，不動産事業，関連事業及びその他の6セグメントに分類されており，それぞれの事業の概要及び主要関係会社は以下のとおりです。

　また，当連結会計年度より報告セグメントの名称を変更しております。詳細は，「第5 経理の状況 1 連結財務諸表等（1）連結財務諸表 注記事項（セグメント情報等）」に記載のとおりです。

(point) **一方通行の輸送になりがちなコンテナ船事業**

　コンテナ船事業は定められた航路とスケジュールで船舶を運航し，不特定の荷主から多種類の貨物を引き受けて輸送を行う。北米，欧州航路が基幹航路である。工業製品や住宅関連部材が主な貨物となる。生産国である日本およびアジア諸国から消費国である北米や欧州への貨物量が多く，帰路の貨物量が少ないという特徴がある。

事業区分	事業の概要	主要関係会社 （無印：連結子会社） （※印：持分法適用関連会社）
ドライバルク事業	当社並びに関係会社を通じて、ドライバルク船（火力発電用の石炭を輸送する石炭船を除く）を保有、運航し、世界的な規模で海上貨物輸送を行っております。	商船三井ドライバルク㈱、 MOL CAPE (SINGAPORE) PTE. LTD. ※GEARBULK HOLDING AG 　　　　　他 78社　計 81社
エネルギー事業	当社並びに関係会社を通じて、火力発電用の石炭を輸送する石炭船、油送船、海洋事業・LNG船等の不定期専用船を保有、運航し、世界的な規模で海上貨物輸送を行っております。	エム・オー・エル・エルエヌジー輸送㈱、 MOL CHEMICAL TANKERS PTE. LTD. 、 PHOENIX TANKERS PTE. LTD. ※旭タンカー㈱ 　　　　　他 248社　計 252社
製品輸送事業	当社並びに関係会社を通じて、自動車専用船を保有、運航し、世界的な規模で海上貨物輸送を行っております。また、コンテナ船の保有、運航、コンテナターミナルの運営、航空・海上フォワーディング、陸上輸送、倉庫保管、重量物輸送等の「トータル・物流ソリューション」を提供しております。さらに、関係会社のフェリー各社が、主として太平洋沿海及び瀬戸内海でフェリーを運航し、旅客並びに貨物輸送を行っております。	㈱宇徳、国際コンテナ輸送㈱、商船港運㈱、 商船三井フェリー㈱、 商船三井ロジスティクス㈱、日産専用船㈱、 ㈱フェリーさんふらわあ、 ㈱ブルーシーネットワーク、 TRAPAC, LLC. 、 MOL LOGISTICS (EUROPE) B.V. 、 MOL LOGISTICS (H.K.) LTD. 、 MOL CONSOLIDATION SERVICE LTD. ※㈱名門大洋フェリー、※日本コンセプト㈱、 ※OCEAN NETWORK EXPRESS PTE. LTD. 　　　　　他 101社　計 116社
不動産事業	ダイビル㈱を中心として、土地建物賃貸事業、及びビル管理事業を始めとする不動産事業を行っております。	ダイビル㈱、商船三井興産㈱ 　　　　　他 19社　計 21社
関連事業	関係会社を通じて、客船事業、曳船業、商社事業（燃料・舶用資材・機械販売等）等を営んでおります。	商船三井客船㈱、日本栄船㈱、 グリーン海事㈱、グリーンシッピング㈱、 商船三井テクノトレード㈱、 ㈱ジャパンエキスプレス、 MOLビジネスサポート㈱、 エムオーツーリスト㈱ 　　　　　他 13社　計 21社
その他	主として当社グループのコストセンターとして、油送船とLNG船を除く船舶の船舶管理業、グループの資金調達等の金融業、情報サービス業、経理代行業、海事コンサルティング業等を営んでおります。	MOLマリン&エンジニアリング㈱、 エム・オー・エル・シップマネージメント㈱、 MOL TREASURY MANAGEMENT PTE. LTD. 、 商船三井システムズ㈱、 エム・オー・エル・アカウンティング㈱ 　　　　　他 13社　計 18社

合計 500社

なお，事業系統図を示すと次のとおりです。

[事業系統図]

ドライバルク事業
（船舶運航業、貸船業、船舶管理業、運送代理店業）

商船三井ドライバルク㈱、
MOL CAPE (SINGAPORE) PTE. LTD.
※GEARBULK HOLDING AG

他 78 社　　計 81 社

エネルギー事業
（船舶運航業、貸船業、船舶管理業、運送代理店業）

エム・オー・エル・エルエヌジー輸送㈱、
MOL CHEMICAL TANKERS PTE. LTD.、
PHOENIX TANKERS PTE. LTD.
※旭タンカー㈱

他 248 社　　計 252 社

製品輸送事業
（船舶運航業、貸船業、コンテナターミナル業、運送代理店業、
貨物運送取扱業、フェリー事業、内航海運業）

㈱宇徳、国際コンテナ輸送㈱、商船港運㈱、
商船三井フェリー㈱、商船三井ロジスティクス㈱、日産専用船㈱、
㈱フェリーさんふらわあ、㈱ブルーシーネットワーク、
TRAPAC, LLC.、
MOL LOGISTICS HOLDING (EUROPE) B.V.、MOL LOGISTICS (H.K.) LTD.、
MOL CONSOLIDATION SERVICE LTD.
※㈱名門大洋フェリー、※日本コンセプト㈱
※OCEAN NETWORK EXPRESS PTE. LTD.

他 101 社　　計 116 社

不動産事業
（不動産事業）

ダイビル㈱、商船三井興産㈱

他 19 社　　計 21 社

関連事業

（客船事業）　商船三井客船㈱
（曳船業）　　日本栄船㈱、グリーン海事㈱、グリーンシッピング㈱
（商社事業）　商船三井テクノトレード㈱
（その他）　　㈱ジャパンエキスプレス、MOLビジネスサポート㈱、
　　　　　　　エムオーツーリスト㈱

他 13 社　　計 21 社

その他

（船舶運航業、船舶管理業、貸船業）
MOLマリン&エンジニアリング㈱、エム・オー・エル・シップマネージメント㈱
（金融業）　　MOL TREASURY MANAGEMENT PTE. LTD.
（その他）　　商船三井システムズ㈱、エム・オー・エル・アカウンティング㈱

他 13 社　　計 18 社
合計 509 社

顧客

㈱商船三井

（注）　無印： 連結子会社
　　　　※ ： 持分法適用関連会社

point **関係会社の状況**

主に子会社のリストであり,事業内容や親会社との関係についての説明がされている。
特に製造業の場合などは子会社の数が多く，すべてを把握することは難しいが，重要
な役割を担っている子会社も多くある。有報の他の項目では一度も触れられていない
場合が多いので，気になる会社については個別に調べておくことが望ましい。

名　　称	住　所	資本金（百万円）	主要な事業の内容	議決権の所有割合（%）	関係内容			
					役員の兼任	資金援助	営業上の取引	設備の賃貸借
連結子会社								
生田アンドマリン㈱	神戸市中央区	26	関連事業	100.00　(100.00)				
㈱宇徳	横浜市中区	2,155	製品輸送事業	100.00	有		当社の港湾荷役作業をしている。	作業設備・土地
宇徳港運㈱	横浜市中区	50	製品輸送事業	100.00　(100.00)	有			
宇徳通運㈱	静岡県沼津市	45	製品輸送事業	100.00　(100.00)				
宇徳トランスネット㈱	千葉市中央区	90	製品輸送事業	100.00　(100.00)			当社の港湾荷役作業をしている。	
宇徳流通サービス㈱	横浜市中区	10	製品輸送事業	100.00　(100.00)				
宇徳ロジスティクス㈱	横浜市中区	50	製品輸送事業	100.00　(100.00)				
宇部ポートサービス㈱	山口県宇部市	14	関連事業	100.00　(100.00)			当社運航船舶の曳船作業をしている。	
エム・オー・エル・アカウンティング㈱	東京都港区	30	その他	100.00	有		当社の会計事務をしている。	ビルスペース
エム・オー・エル・エルエヌジー輸送㈱	東京都港区	40	エネルギー事業	100.00	有		当社保有船舶の運航管理をしている。	ビルスペース
エム・オー・エル・シップマネージメント㈱	東京都港区	50	その他	100.00	有		当社のコンサルタント業務、当社保有船舶の管理をしている。	ビルスペース
MOLケミカルタンカー㈱	東京都港区	100	エネルギー事業	100.00　(100.00)	有			ビルスペース
㈱MOLシップテック	東京都港区	50	その他	100.00	有		当社のコンサルタント業務をしている。	ビルスペース
MOLビジネスサポート㈱	東京都港区	100	関連事業	100.00			当社の陸上・海上従業員の給与及び保険業務等を受託している。	ビルスペース・システム機器
MOLマリン＆エンジニアリング㈱	東京都港区	100	その他	100.00	有		当社のコンサルタント業務、当社運航船舶の定期借船・貸船をしている。	
エムオーツーリスト㈱	東京都墨田区	250	関連事業	100.00	有	有	当社従業員の出張手配をしている。	
北日本曳船㈱	北海道苫小牧市	50	関連事業	62.00　(62.00)			当社運航船舶の曳船作業をしている。	
グリーン海事㈱	名古屋市港区	95	関連事業	100.00	有		当社運航船舶の曳船作業をしている。	
グリーンシッピング㈱	北九州市門司区	172	関連事業	100.00	有		当社の海運代理店をしている。	
興産管理サービス㈱	東京都中央区	20	不動産事業	100.00　(100.00)				
興産管理サービス・西日本㈱	大阪市西区	14	不動産事業	100.00　(100.00)	有			
神戸曳船㈱	神戸市中央区	50	関連事業	100.00　(100.00)			当社運航船舶の曳船作業をしている。	
国際コンテナ輸送㈱	東京都港区	100	製品輸送事業	51.00　(5.00)				土地
㈱ジャパンエキスプレス	神戸市中央区	50	関連事業	100.00	有	有	当社の引越貨物取扱をしている。	

名称	住所	資本金(百万円)	主要な事業の内容	議決権の所有割合(%)	関係内容			
					役員の兼任	資金援助	営業上の取引	設備の賃貸借
商船港運㈱	神戸市中央区	300	製品輸送事業	79.98 (18.33)	有		当社の港湾荷役作業をしている。	ビルスペース・システム機器
商船三井オーシャンエキスパート㈱	東京都港区	100	その他	100.00	有		当社保有船舶の管理をしている。	ビルスペース・システム機器
商船三井海事㈱	大阪市北区	95	関連事業	100.00	有			
商船三井客船㈱	東京都港区	100	関連事業	100.00	有	有		
商船三井興産㈱	東京都中央区	300	不動産事業	100.00 (51.02)	有		当社保有の社宅・寮・クラブの管理をしている。	ビルスペース・システム機器
商船三井システムズ㈱	東京都港区	100	その他	100.00	有		当社運用システムの保守管理及びシステム開発をしている。	ビルスペース・システム機器
商船三井テクノトレード㈱	東京都千代田区	490	関連事業	100.00	有		当社運航船舶への燃料油、資材等の納入をしている。	
商船三井ドライバルク㈱(注)3	東京都港区	660	ドライバルク事業	100.00	有		当社の貨物輸送をしている。	ビルスペース・システム機器
㈱商船三井内航	東京都港区	650	エネルギー事業	100.00	有	有		ビルスペース
商船三井フェリー㈱	東京都千代田区	1,577	製品輸送事業	100.00	有			
商船三井ロジスティクス㈱	東京都千代田区	756	製品輸送事業	100.00	有		当社の貨物輸送をしている。	
ダイビル㈱(注)4、5	大阪市北区	12,227	不動産事業	100.00		有	当社へ不動産の賃貸をしている。	ビルスペース
ダイビル・ファシリティ・マネジメント㈱	大阪市北区	17	不動産事業	100.00 (100.00)				
㈱丹新ビルサービス	京都府福知山市	20	不動産事業	100.00 (100.00)				
㈱中国シッピングエージェンシィズ	広島市南区	10	製品輸送事業	100.00	有		当社の海運代理店をしている。	
東海曳船㈱	静岡市清水区	10	関連事業	70.00 (70.00)			当社運航船舶の曳船作業をしている。	
西日本綜合設備㈱	神戸市灘区	10	不動産事業	100.00 (100.00)				
日産専用船㈱	東京都千代田区	640	製品輸送事業	90.00	有		当社備船船舶を定期備船している。	
日本栄船㈱	神戸市中央区	134	関連事業	87.26 (8.61)	有		当社運航船舶の曳船作業をしている。	
日本水路図誌㈱	横浜市中区	32	関連事業	95.25 (51.77)			当社運航船舶へ海図の納入をしている。	
㈱ノワテック	埼玉県深谷市	20	不動産事業	100.00 (100.00)				
㈱フェリーさんふらわあ	大分県大分市	100	製品輸送事業	100.00	有	有		
㈱ブルーシーネットワーク	東京都千代田区	54	製品輸送事業	100.00 (100.00)	有			
㈱ブルーハイウェイエクスプレス九州	鹿児島県鹿児島市	50	製品輸送事業	100.00 (100.00)	有			
㈱ブルーハイウェイサービス	東京都千代田区	30	製品輸送事業	100.00 (100.00)	有			
北倉興発㈱	東京都港区	50	不動産事業	100.00	有		当社へ不動産の賃貸をしている。	ビルスペース
㈱MOTENA-SEA	東京都千代田区	20	関連事業	91.67 (91.67)	有			

📍(point) **不定期専用船事業の拠点をシンガポールに移す**

　商船三井は事業改革の柱として，2013年にドライバルクのフリー船の営業・運航拠点を東京からシンガポールに移転した。シンガポールは顧客と情報が集まるアジアにおける海運の中心だ。ここで世界屈指のコスト競争力を備えたフリー船隊を持つことができるようになり，より有利な貨物契約を取れるようになったようだ。

名称	住所	資本金（百万円）	主要な事業の内容	議決権の所有割合（%）	役員の兼任	資金援助	営業上の取引	設備の賃貸借
ARCTIC IVY TANKERS LIMITED	CYPRUS	US$ 1,000	エネルギー事業	100.00	有	有		
ASIA UTOC PTE. LTD.	SINGAPORE	SG$ 899,560	製品輸送事業	100.00 (100.00)				
BAMBOO MOUNTAIN POWER B.V.	NETHERLANDS	US$ 1	エネルギー事業	100.00	有			
BANGKOK CONTAINER SERVICE CO., LTD.	THAILAND	THB 10,000,000	製品輸送事業	100.00 (100.00)				
BANGPOO INTERMODAL SYSTEMS CO., LTD.	THAILAND	THB 130,000,000	製品輸送事業	88.79 (88.79)	有			
CLEOPATRA LNG SHIPPING CO., LTD.	MARSHALL ISLANDS	US$ 59,003,000	エネルギー事業	70.00	有	有		
DAIBIRU AUSTRALIA PTY LTD.（注）4	AUSTRALIA	AU$ 230,000,000	不動産事業	100.00 (100.00)				
DAIBIRU CSB CO., LTD.	VIETNAM	VND 349,000百万	不動産事業	99.00 (99.00)				
DAIBIRU GARREN, LLC	U.S.A.	US$ 12,200,000	不動産事業	100.00 (100.00)				
DAIBIRU SAIGON TOWER CO., LTD.	VIETNAM	VND 124,203百万	関連事業	100.00 (100.00)				
DAIBIRU USA, LLC	U.S.A.	US$ 12,200,000	不動産事業	100.00 (100.00)				
EL SOL SHIPPING LTD. S.A.	PANAMA	US$ 10,000	エネルギー事業	100.00	有			
EMERALD BLUE MARITIME S.A.S.	FRANCE	EUR 1,000	エネルギー事業	100.00	有	有		
EMERALD GREEN MARITIME LTD.	MALTA	EUR 28,361,600	エネルギー事業	100.00	有			
ICE GAS LNG SHIPPING COMPANY LIMITED	CYPRUS	EUR 2,235	エネルギー事業	60.00	有		当社へ船舶管理委託している。	
INDAH SINGA MARITIME PTE. LTD.	SINGAPORE	US$ 12,515,000	エネルギー事業	100.00	有			
INTERNATIONAL TRANSPORTATION INC.（注）4	U.S.A.	US$ 104,562,811	製品輸送事業	100.00	有			
JENTOWER LTD.	BRITISH VIRGIN ISLANDS	US$ 1	不動産事業	100.00 (100.00)				
K&M MARINE S.A.	PANAMA	0	その他	100.00	有			
LAKLER S.A.	URUGUAY	US$ 38,808,609	エネルギー事業	100.00	有			
LINKMAN HOLDINGS INC.	LIBERIA	US$ 3,000	その他	100.00	有	有		
LNG AKATSUKI SHIPPING CORPORATION	MARSHALL ISLANDS	0	エネルギー事業	100.00	有			
LNG CASTOR SHIPPING CORPORATION	MARSHALL ISLANDS	0	エネルギー事業	100.00	有			
LNG IRIS SHIPPING CORPORATION	MARSHALL ISLANDS	0	エネルギー事業	100.00	有			
LNG JAPONICA SHIPPING CORPORATION	CYPRUS	US$ 1,000	エネルギー事業	74.00	有			
LNG LILAC SHIPPING CORPORATION	MARSHALL ISLANDS	US$ 100	エネルギー事業	100.00	有		傭船船舶を当社へ定期貸船している。	
LNG POLLUX SHIPPING CORPORATION	MARSHALL ISLANDS	0	エネルギー事業	100.00	有			
LNG POPPY SHIPPING PTE. LTD.	SINGAPORE	US$ 50,000	エネルギー事業	100.00	有			
LNG PROCYON SHIPPING CORPORATION	MARSHALL ISLANDS	0	エネルギー事業	100.00	有			
LNG SIRIUS SHIPPING CORPORATION	MARSHALL ISLANDS	0	エネルギー事業	100.00	有			
LNG WATER LILY SHIPPING CORPORATION	MARSHALL ISLANDS	US$ 10,200,000	エネルギー事業	65.00	有		保有船舶を当社へ定期貸船している。	
LNG YAYOI SHIPPING CORPORATION	MARSHALL ISLANDS	0	エネルギー事業	100.00	有			

(point) **多種多様な海上輸送に事業分散してリスクを低減**

日本の大手船会社は総合海運会社であり，商船三井はその一角をなす。事業ポートフォリオは海外の船社と比べて遥かに分散している。これは日系船社の最大の特徴でもある。一つか二つの事業に集中する海外企業と対照的に，日系三社はいずれもコンテナ船，ドライバルク，タンカー，自動車船やLNG船などほぼすべての海運サブセクター

名　　称	住　所	資本金(百万円)	主要な事業の内容	議決権の所有割合(%)	役員の兼任	資金援助	営業上の取引	設備の賃貸借
					関係内容			
LNG YOTSUBA SHIPPING CORPORATION	MARSHALL ISLANDS	0	エネルギー事業	100.00	有			
MCGC INTERNATIONAL LTD.	BAHAMAS	US$ 1,100	エネルギー事業	100.00	有			
MITSUI O.S.K. HOLDINGS (BENELUX) B.V.	NETHERLANDS	EUR 17,245,464	その他	100.00	有			
MOG LNG TRANSPORT S.A.	PANAMA	0	エネルギー事業	100.00	有		当社保有船舶の管理をしている。	
MOG-IX LNG SHIPHOLDING S.A.	PANAMA	3	エネルギー事業	100.00	有		傭船船舶を当社へ定期貸船している。	
MOG-X LNG SHIPHOLDING S.A.	PANAMA	US$ 30,000	エネルギー事業	100.00	有			
MOL (AMERICAS) HOLDINGS, INC. (注) 4	U.S.A.	US$ 62,723,966	その他	100.00	有			
MOL (AMERICAS) LLC.	U.S.A.	－	その他	100.00 (100.00)				
MOL (ASIA OCEANIA) PTE. LTD.	SINGAPORE	SG$ 2,350,000	その他	100.00	有		当社の海運代理店をしている。	
MOL (EUROPE AFRICA) LTD.	U.K.	US$ 8,402,475	その他	100.00	有		当社の海運代理店をしている。	
MOL BRIDGE FINANCE S.A.	PANAMA	US$ 8,000	ドライバルク事業	100.00	有			
MOL CAMERON (NO.1) S.A. INC.	PANAMA	US$ 1,000	エネルギー事業	100.00	有	有		
MOL CAPE (SINGAPORE) PTE. LTD.	SINGAPORE	US$ 62,752,448	ドライバルク事業	100.00				
MOL CHEMICAL TANKERS EUROPE A/S	DENMARK	DKK 585,397	エネルギー事業	100.00 (100.00)				
MOL CHEMICAL TANKERS PTE. LTD. (注) 4	SINGAPORE	SG$ 262,369,867	エネルギー事業	100.00				
MOL CONSOLIDATION SERVICE LTD.	HONG KONG	HK$ 1,000,000	製品輸送事業	100.00 (100.00)	有			
MOL CONSOLIDATION SERVICE LTD. [CHINA]	CHINA	RMB 8,000,000	製品輸送事業	100.00				
MOL CONTAINER CENTER (THAILAND) CO., LTD.	THAILAND	THB 10,000,000	製品輸送事業	100.00 (100.00)				
MOL FSRU TERMINAL (HONG KONG) LIMITED	HONG KONG	US$ 7,509,544	エネルギー事業	100.00	有	有		
MOL HONG KONG LTD.	HONG KONG	HK$ 40,000,000	その他	100.00	有			
MOL LOGISTICS (DEUTSCHLAND) GMBH	GERMANY	EUR 536,856	製品輸送事業	100.00 (100.00)				
MOL LOGISTICS (H.K.) LTD.	HONG KONG	HK$ 14,100,000	製品輸送事業	100.00 (100.00)				
MOL LOGISTICS (NETHERLANDS) B.V.	NETHERLANDS	EUR 3,048,500	製品輸送事業	100.00 (100.00)	有			
MOL LOGISTICS (SINGAPORE) PTE LTD.	SINGAPORE	SG$ 700,000	製品輸送事業	100.00 (51.00)				
MOL LOGISTICS (TAIWAN) CO., LTD.	TAIWAN	NT$ 7,500,000	製品輸送事業	100.00 (100.00)				
MOL LOGISTICS (THAILAND) CO., LTD.	THAILAND	THB 20,000,000	製品輸送事業	98.50 (98.50)	有			
MOL LOGISTICS (UK) LTD.	U.K.	GBP 400,000	製品輸送事業	100.00 (100.00)				
MOL LOGISTICS (USA) INC.	U.S.A.	US$ 9,814,000	製品輸送事業	100.00 (100.00)				

をカバーしている。これらの事業は需給のメカニズムがそれぞれ違うので，相関は必ずしも高くないことから，こうした事業の多角化はリスクの低減につながる。

名　　称	住　所	資本金 （百万円）	主要な 事業 の内容	議決権の所有割合 （％）	役員の兼任	資金援助	営業上の取引	設備の賃貸借
					関　係　内　容			
MOL LOGISTICS HOLDING (EUROPE) B.V.	NETHERLANDS	EUR　19,360	製品輸送事業	100.00　(100.00)	有			
MOL MANAGEMENT (THAILAND) CO., LTD.	THAILAND	THB 20,000,000	製品輸送事業	49.00				
MOL MANNING SERVICE S.A.	PANAMA	US$ 8,099,197	その他	100.00	有			
MOL TREASURY MANAGEMENT PTE. LTD.	SINGAPORE	US$ 2,000,000	その他	100.00	有			
MOL WORLDWIDE LOGISTICS, LTD.	HONG KONG	HK$ 58,600,000	製品輸送事業	100.00　(10.00)	有			
NEFERTITI LNG SHIPPING CO., LTD.	MARSHALL ISLANDS	US$ 50,003,000	エネルギー事業	70.00	有			
ORCHID LNG SHIPPING (SINGAPORE) PTE. LTD.	SINGAPORE	EUR　40,000	エネルギー事業	100.00	有			
PHOENIX TANKERS PTE. LTD.（注）4	SINGAPORE	US$ 229,311,359	エネルギー事業	100.00	有		当社保有船舶の運航管理をしている。	
PINE MOUNTAIN POWER B.V.	NETHERLANDS	US$　1	エネルギー事業	100.00	有			
PT. HANOCHEM SHIPPING	INDONESIA	IDR 20,000百万	エネルギー事業	49.00	有			
SAKURA ENERGY TRANSPORT PRIVATE LIMITED	INDIA	INR 815,320,050	エネルギー事業	100.00		有		
SAMBA OFFSHORE S.A.	PANAMA	US$　10,000	エネルギー事業	100.00	有			
SEALOADING HOLDING AS	NORWAY	US$ 25,790,542	エネルギー事業	100.00	有	有		
SHANGHAI HUAJIA INTERNATIONAL FREIGHT FORWARDING CO., LTD.	CHINA	US$ 1,720,000	製品輸送事業	76.00　(76.00)			当社の海運代理店をしている。	
SHINING SHIPPING S.A.	PANAMA	US$　10,000	エネルギー事業	100.00	有			
THAI INTERMODAL SYSTEMS CO., LTD.	THAILAND	THB 77,500,000	製品輸送事業	100.00　(100.00)	有			
TRAPAC, LLC.	U.S.A	－	製品輸送事業	100.00　(100.00)				
UNIX LINE PTE. LTD.	SINGAPORE	US$　344,467	エネルギー事業	100.00　(100.00)				
UTOC ENGINEERING PTE. LTD.	SINGAPORE	SG$ 2,000,000	製品輸送事業	100.00　(100.00)				
WHITE LOTUS PROPERTIES LTD.（注）4	BRITISH VIRGIN ISLANDS	6,810	不動産事業	100.00　(100.00)				
YELLOW LOTUS PROPERTIES LTD.	BRITISH VIRGIN ISLANDS	301	不動産事業	100.00　(100.00)				
その他253社								

point　自動車輸送が安定収益源

自動車船は邦船3社で世界シェアの5割以上を占めている。自動車船事業の利益が安定しているが，それはスポット市場が存在しないことと，業界構造との関係が大きい。自動車船セクターの参入障壁が高い。船の風圧抵抗の軽減，運航中の自動車に対する衝撃の軽減，そして全世界をカバーできるネットワークなど，運航技術や船隊規模に

名　　称	住　所	資本金 (百万円)	主要な 事業 の内容	議決権の所有割合 (%)	役員の兼任	資金援助	営業上の取引	設備の賃貸借
持分法適用非連結子会社								
ARCTIC DIAMOND NO.2 LNG SHIPPING PTE. LTD.	SINGAPORE	US$ 45,050,000	エネルギー事業	100.00	有			
ARCTIC EMERALD NO.2 LNG SHIPPING PTE. LTD.	SINGAPORE	US$ 45,050,000	エネルギー事業	100.00	有			
持分法適用関連会社								
旭タンカー㈱	東京都千代田区	600	エネルギー事業	31.48	有			
アジア風力発電株式会社	東京都港区	10	エネルギー事業	50.00	有	有		
オーシャン ネットワーク エクスプレス ホールディングス㈱（注）6	東京都港区	50	製品輸送事業	31.00	有			
新洋海運㈱	堺市堺区	100	製品輸送事業	36.00				
日本コンセプト㈱（注）5	東京都千代田区	1,134	製品輸送事業	15.00	有			
㈱名門大洋フェリー	大阪市西区	880	製品輸送事業	41.12　(3.56)	有			
4J No.1 AL ZUBARAH LIMITED	LIBERIA	US$ 200,500	エネルギー事業	36.50	有		当社へ船舶管理委託している。	
4J No.2 AL KHOR LIMITED	LIBERIA	US$ 200,500	エネルギー事業	36.50	有			
4J No.3 AL RAYYAN LIMITED	LIBERIA	US$ 200,500	エネルギー事業	36.50	有			
4J No.4 AL WAJBAH LIMITED	LIBERIA	US$ 200,500	エネルギー事業	36.50	有		当社へ船舶管理委託している。	
4J No.5 BROOG LIMITED	LIBERIA	US$ 200,500	エネルギー事業	36.50	有			
4J No.6 AL WAKRAH LIMITED	LIBERIA	US$ 200,500	エネルギー事業	36.50	有		当社へ船舶管理委託している。	
4J No.7 DOHA LIMITED	LIBERIA	US$ 200,500	エネルギー事業	36.50	有			
4J No.8 ZEKREET LIMITED	LIBERIA	US$ 200,500	エネルギー事業	36.50	有			
4J No.9 AL BIDDA LIMITED	LIBERIA	US$ 200,500	エネルギー事業	36.50	有		当社へ船舶管理委託している。	
4J No.10 AL JASRA LIMITED	LIBERIA	US$ 200,500	エネルギー事業	36.50	有			
AKOFS OFFSHORE AS	NORWAY	NOK 60,700,000	エネルギー事業	25.00	有	有		
ALGERIA NIPPON GAS TRANSPORT CORP.	BAHAMAS	US$ 100,000	エネルギー事業	25.00	有	有		
AL-MUSANAH MARITIME TRANSPORTATION CO. S. A.	PANAMA	US$ 19,040,000	エネルギー事業	50.00	有	有	当社保有船舶の管理をしている。	
AMERICAS LNGT COMPANY LTD.（注）7	MARSHALL ISLANDS	US$ 8,121,400	エネルギー事業	－　(－)	有			
AQUARIUS LNG SHIPPING LTD.	HONG KONG	US$ 1,000	エネルギー事業	50.00	有			
ARAMO SHIPPING (SINGAPORE)PTE. LTD.	SINGAPORE	US$ 20,742,962	エネルギー事業	50.00　(50.00)	有			
ARCTIC BLUE LNG SHIPPING LTD.	HONG KONG	US$ 1,000	エネルギー事業	50.00	有	有		
ARCTIC GREEN LNG SHIPPING LTD.	HONG KONG	US$ 1,000	エネルギー事業	50.00	有			
ARCTIC INDIGO LNG SHIPPING LTD.	HONG KONG	EUR 37,940,859	エネルギー事業	50.00	有			
ARCTIC ORANGE LNG SHIPPING LTD.	HONG KONG	EUR 37,861,859	エネルギー事業	50.00	有			
ARCTIC PURPLE LNG SHIPPING LTD.	HONG KONG	US$ 1,000	エネルギー事業	50.00	有	有		

対する要求が厳しいため，荷主の基準を満たせる船社は世界でそう多くない。今後，輸送量は世界の自動車需要の成長につれて堅調に伸びていく見通しだ。邦船3社にとって重要な安定利益源であることに変わりがないだろう。

名　　称	住　所	資本金 （百万円）	主要な 事業 の内容	議決権の所有割合 （％）	関係内容			
					役員 の 兼任	資金 援助	営業上の取引	設備の 賃貸借
ARCTIC RED LNG SHIPPING LTD.	HONG KONG	EUR 37,441,859	エネルギー事業	50.00	有			
ARCTIC YELLOW LNG SHIPPING LTD.	HONG KONG	EUR 37,701,859	エネルギー事業	50.00	有			
AREA 1 MEXICO MV34 B.V.	NETHERLANDS	US$ 100,000	エネルギー事業	30.00	有			
AREEJ LNG CARRIER S.A.	PANAMA	US$ 22,000,000	エネルギー事業	20.00	有			
ARIES LNG SHIPPING LTD.	HONG KONG	US$ 1,000	エネルギー事業	50.00	有	有		
ASIA LNGT COMPANY LTD. （注）7	MARSHALL ISLANDS	US$ 19,600,000	エネルギー事業	－ （－）	有		当社へ船舶管理委託している。	
BUZIOS5 MV32 B.V.	NETHERLANDS	US$ 100,000	エネルギー事業	20.00	有			
CAMARTINA SHIPPING INC.	LIBERIA	US$ 1,000	エネルギー事業	28.24	有		当社へ船舶管理委託している。	
CAPRICORN LNG SHIPPING LTD.	HONG KONG	US$ 1,000	エネルギー事業	50.00	有			
CARIOCA MV27 B.V.	NETHERLANDS	EUR 169,419,959	エネルギー事業	20.60	有			
CERNAMBI NORTE MV26 B.V.	NETHERLANDS	EUR 175,026,035	エネルギー事業	20.60	有			
CERNAMBI SUL MV24 B.V.	NETHERLANDS	EUR 162,159,525	エネルギー事業	20.60	有			
CHINA ENERGY ASPIRATION LNG SHIPPING CO., LTD.	HONG KONG	US$ 1,000	エネルギー事業	20.00	有	有		
CHINA ENERGY AURORA LNG SHIPPING CO., LTD.	HONG KONG	US$ 1,000	エネルギー事業	20.00	有	有		
CHINA ENERGY GLORY LNG SHIPPING CO., LTD.	HONG KONG	US$ 1,000	エネルギー事業	20.00	有	有		
CHINA ENERGY HOPE LNG SHIPPING CO., LTD.	HONG KONG	US$ 1,000	エネルギー事業	20.00	有	有		
CHINA ENERGY PEACE LNG SHIPPING CO., LTD.	HONG KONG	US$ 1,000	エネルギー事業	20.00	有	有		
CHINA ENERGY PIONEER LNG SHIPPING CO., LTD.	HONG KONG	US$ 1,000	エネルギー事業	20.00	有	有		
DEN HARTOGH HOLDINGS B.V.	NETHERLANDS	EUR 60,750	エネルギー事業	20.00 （20.00）	有			
DUNE LNG CARRIER S.A.	PANAMA	US$ 39,375,000	エネルギー事業	20.00	有			
DUQM MARITIME TRANSPORTATION CO. S.A.	PANAMA	US$ 25,660,000	エネルギー事業	50.00	有		当社保有船舶の管理をしている。	
ENERGY SPRING LNG CARRIER S.A.	PANAMA	US$ 30,000,000	エネルギー事業	50.00	有			
ETHANE CRYSTAL LLC.	MARSHALL ISLANDS	US$ 25,033,650	エネルギー事業	50.00	有			
ETHANE EMERALD LLC.	MARSHALL ISLANDS	US$ 23,593,270	エネルギー事業	50.00	有			
ETHANE OPAL LLC.	MARSHALL ISLANDS	US$ 23,554,250	エネルギー事業	50.00	有			
ETHANE PEARL LLC.	MARSHALL ISLANDS	US$ 25,135,930	エネルギー事業	50.00	有			
ETHANE SAPPHIRE LLC.	MARSHALL ISLANDS	US$ 23,554,250	エネルギー事業	50.00	有			
ETHANE TOPAZ LLC.	MARSHALL ISLANDS	US$ 23,554,250	エネルギー事業	50.00	有			
EUROPE LNGT COMPANY LTD. （注）7	MARSHALL ISLANDS	US$ 14,197,326	エネルギー事業	－ （－）	有			

名　　称	住　所	資本金 （百万円）	主要な 事業 の内容	議決権の所有割合 （％）	関　係　内　容			
					役員 の 兼任	資金 援助	営業上の取引	設備の 賃貸借
FASHIP MARITIME CARRIERS INC.	PANAMA	－	ドライバルク事業	50.00	有			
GEARBULK HOLDING AG	SWITZERLAND	US$ 228,100,000	ドライバルク事業	49.00	有			
GEMINI LNG SHIPPING LTD.	HONG KONG	US$　1,000	エネルギー事業	50.00	有			
HAIMA MARITIME TRANSPORTATION CO. S. A.	PANAMA	US$ 14,610,000	エネルギー事業	50.00	有		当社保有船舶の管理をしている。	
J5 NAKILAT NO. 1 LTD.	MARSHALL ISLANDS	US$ 53,400,000	エネルギー事業	26.74	有		当社へ船舶管理委託している。	
J5 NAKILAT NO. 2 LTD.	MARSHALL ISLANDS	US$ 50,600,000	エネルギー事業	26.74	有			
J5 NAKILAT NO. 3 LTD.	MARSHALL ISLANDS	US$ 53,800,000	エネルギー事業	26.74	有			
J5 NAKILAT NO. 4 LTD.	MARSHALL ISLANDS	US$ 51,400,000	エネルギー事業	26.74	有		当社へ船舶管理委託している。	
J5 NAKILAT NO. 5 LTD.	MARSHALL ISLANDS	US$ 50,200,000	エネルギー事業	26.74	有			
J5 NAKILAT NO. 6 LTD.	MARSHALL ISLANDS	US$ 51,600,000	エネルギー事業	26.74	有		当社へ船舶管理委託している。	
J5 NAKILAT NO. 7 LTD.	MARSHALL ISLANDS	US$ 52,000,000	エネルギー事業	26.74	有			
J5 NAKILAT NO. 8 LTD.	MARSHALL ISLANDS	US$ 50,800,000	エネルギー事業	26.74	有			
JOINT GAS LTD.	CAYMAN ISLANDS	US$　12,000	エネルギー事業	33.98	有			
JOINT GAS TWO LTD.	CAYMAN ISLANDS	US$　12,000	エネルギー事業	50.00	有			
KARMOL LNG COMPANY LTD.（注）7	MALTA	US$ 62,045,926	エネルギー事業	50.00	有	有		
KARMOL POWERSHIP COMPANY LTD.	MALTA	US$ 145,000,000	エネルギー事業	25.00	有			
LIBRA MV31 B. V.	NETHERLANDS	US$ 327,936,000	エネルギー事業	20.60	有			
LIWA MARITIME TRANSPORTATION CO. S. A.	PANAMA	US$　50,000	エネルギー事業	50.00	有		当社へ運航委託している。	
LNG CORNFLOWER SHIPPING CORPORATION	MARSHALL ISLANDS	US$　100	エネルギー事業	50.00	有		当社へ船舶管理委託している。	
LNG FUKUROKUJU SHIPPING CORP.	BAHAMAS	1	エネルギー事業	30.00	有		当社へ船舶管理委託している。	
LNG HARMONIA SHIPPING CORPORATION	MARSHALL ISLANDS	1,984	エネルギー事業	50.00	有	有	保有船舶を当社へ定期貸船している。	
LNG JUROJIN SHIPPING CORP.	BAHAMAS	1	エネルギー事業	30.00	有		当社へ船舶管理委託している。	
LNG ROSE SHIPPING CORP.	MARSHALL ISLANDS	US$ 46,000,100	エネルギー事業	50.00	有			
M2L PACIFIC S. A.	PANAMA	US$　1,500,000	エネルギー事業	25.00	有		保有船舶を当社へ定期貸船している。	
MAPLE LNG TRANSPORT INC.	PANAMA	US$　0	エネルギー事業	50.00	有		当社へ船舶管理委託している。	
MARLIM1 MV33 B. V.	NETHERLANDS	US$　100,000	エネルギー事業	20.00	有			
MEDITERRANEAN LNG TRANSPORT CORP.	BAHAMAS	US$　200,000	エネルギー事業	25.00	有	有		
MOL CAMERON (NO. 2) S. A. INC.	PANAMA	US$　1,000	エネルギー事業	50.00	有		当社へ船舶管理委託している。	
MOL CAMERON (NO. 3) S. A. INC.	PANAMA	US$　1,000	エネルギー事業	50.00	有	有	当社へ船舶管理委託している。	

(point) 従業員の状況

　　主力セグメントや，これまで会社を支えてきたセグメントの人数が多い傾向があるのは当然のことだろう。上場している大企業であれば平均年齢は40歳前後だ。また労働組合の状況にページが割かれている場合がある。その情報を載せている背景として，労働組合の力が強く，人数を削減しにくい企業体質だということを意味している。

名　　称	住　所	資本金 （百万円）	主要な 事業 の内容	議決権の所有割合 （％）	役員 の 兼任	資金 援助	営業上の取引	設備の 賃貸借
OCEAN NETWORK EXPRESS PTE. LTD. （注）6	SINGAPORE	US$　3,000百万	製品輸送事業	－　（－）	有		当社備船船舶を定期 借船している。	
ORYX LNG CARRIER S. A.	PANAMA	US$　15,750,000	エネルギー 事業	20.00	有			
PENINSULA LNG TRANSPORT NO. 1 LTD.	LIBERIA	US$　1,000	エネルギー 事業	28.24	有			
PENINSULA LNG TRANSPORT NO. 2 LTD.	LIBERIA	US$　850	エネルギー 事業	28.24	有			
PENINSULA LNG TRANSPORT NO. 3 LTD.	LIBERIA	US$　850	エネルギー 事業	28.24	有		当社へ船舶管理委託 している。	
PENINSULA LNG TRANSPORT NO. 4 LTD.	MARSHALL ISLANDS	US$　38,248,944	エネルギー 事業	25.00	有			
PKT LOGISTICS GROUP SDN. BHD.	MALAYSIA	MYR 276,353,999	製品輸送事業	35.13	有			
PT JAWA SATU REGAS	INDONESIA	US$　39,080,000	エネルギー 事業	19.00 （19.00）	有			
PT. BHASKARA INTI SAMUDRA	INDONESIA	US$　24,000,000	エネルギー 事業	19.20	有			
RAYSUT MARITIME TRANSPORTATION CO. S. A.	PANAMA	US$　14,010,000	エネルギー 事業	50.00	有		当社保有船船の管理 をしている。	
ROTTERDAM WORLD GATEWAY B. V.	NETHERLANDS	EUR 14,018,000	製品輸送事業	20.00 （20.00）	有			
SENEGAL LNGT COMPANY LTD.（注）7	MARSHALL ISLANDS	US$　19,530,000	エネルギー 事業	－　（－）	有			
SEPIA MV30 B. V.	NETHERLANDS	US$ 208,526,000	エネルギー 事業	20.60	有			
SKIKDA LNG TRANSPORT CORP.	BAHAMAS	US$　200,000	エネルギー 事業	25.00	有	有		
SOUTH CHINA TOWING CO., LTD.	HONG KONG	HK$　12,400,000	関連事業	25.00	有		当社運航船船に対す る離着桟支援作業を している。	
SRV JOINT GAS LTD.	CAYMAN ISLANDS	US$　50,000	エネルギー 事業	48.50	有	有		
SRV JOINT GAS TWO LTD.	CAYMAN ISLANDS	US$　50,000	エネルギー 事業	48.50	有			
T. E. N. GHANA MV25 B. V.	NETHERLANDS	EUR 149,649,663	エネルギー 事業	20.00	有			
TA SAN SHANG MARINE CO., LTD.	TAIWAN	TWD 610,000,000	エネルギー 事業	45.00	有			
TAN CANG-CAI MEP INTERNATIONAL TERMINAL CO., LTD.	VIETNAM	VND 868,510百万	製品輸送事業	21.33	有			
TAN CANG NORTHERN MARITIME JOINT STOCK COMPANY	VIETNAM	VND 118,560百万	関連事業	36.00	有		当社運航船船の曳船 作業をしている。	
TAN CANG-CAI MEP TOWAGE SERVICES CO., LTD.	VIETNAM	VND 112,717百万	関連事業	40.00	有		当社運航船船の曳船 作業をしている。	
TARTARUGA MV29 B. V.	NETHERLANDS	US$ 206,138,000	エネルギー 事業	20.60	有			
TIWI LNG CARRIER S. A.	PANAMA	US$　22,000,000	エネルギー 事業	20.00	有			
TRANS PACIFIC SHIPPING 2 LTD.	BAHAMAS	3,961	エネルギー 事業	20.00	有		当社へ船舶管理委託 している。	
TRANS PACIFIC SHIPPING 5 LTD.	BAHAMAS	2,672	エネルギー 事業	50.00	有	有	当社へ船舶管理委託 している。	
TRANS PACIFIC SHIPPING 8 LTD.	BAHAMAS	2,065	エネルギー 事業	50.00	有	有	当社へ船舶管理委託 している。	

(point) 多くの人手を要するコンテナ船事業

コンテナ船事業では突出して多くの従業員が働いている。港での荷物を船から降ろす作業や，陸上運送などに多くの人が必要だ。これはコンテナ船事業は収益を変動させやすく，安定しない事業だということを示している。また貨物費や，鉄道輸送に加え燃油費が最も大きな変動要因となる。

名　　称	住　所	資本金 (百万円)	主要な 事業 の内容	議決権の所有割合 (%)	関　係　内　容				
					役員 の 兼任	資金 援助	営業上の取引	設備の 賃貸借
TRINITY LNG CARRIER INC.	MARSHALL ISLANDS	US$　　　500	エネルギー 事業	50.00	有		当社へ船舶管理委託し ている。	
VIKEN MOL AS（注）8	NORWAY	US$ 55,500,000	エネルギー 事業	50.00	有			
VIKEN SHUTTLE AS （注）8	NORWAY	US$ 38,103,976	エネルギー 事業	－　　（－）	有			
WATERFRONT SHIPPING LIMITED	CAYMAN ISLANDS	US$ 362,500,000	エネルギー 事業	40.00	有		当社運航船舶の定期借 船をしている。	
その他6社								

（注）1. 主要な事業の内容欄にはセグメントの名称を記載しております。

　　　2. 議決権の所有割合の（　）内は間接所有割合で内数となっております。

　　　3. 商船三井ドライバルク（株）の売上高（連結会社相互間の内部売上高を除く。）の連結売上高に占める割合が10％を超えております。

　　　　　同社の主要な損益情報等は以下のとおりであります。

　　　　　（1）売上高　　　235,747百万円

　　　　　（2）経常利益　　 45,257百万円

　　　　　（3）当期純利益　 43,847百万円

　　　　　（4）純資産額　　 62,465百万円

　　　　　（5）総資産額　　 41,245百万円

　　　4. 特定子会社に該当しております。

　　　5. 有価証券報告書を提出しております。

　　　6. オーシャン ネットワーク エクスプレス ホールディングス（株）は，OCEAN NETWORK EXPRESS PTE. LTD.の普通株式の100％を所有する持株会社であります。

　　　7. KARMOL LNG COMPANY LTD.は，AMERICAS LNGT COMPANY LTD.，ASIA LNGT COMPANY LTD.，EUROPE LNGT COMPANY LTD.及びSENEGAL LNGT COMPANY LTD.の発行済株式数の100％を所有する持株会社であります。

　　　8. VIKEN MOL ASは，VIKEN SHUTTLE ASの発行済株式数の100％を所有する持株会社であります。

(point) **業績等の概要**

　　この項目では今期の売上や営業利益などの業績がどうだったのか，収益が伸びたあるいは減少した理由は何か，そして伸ばすためにどんなことを行ったかということがセグメントごとに分かる。現在，会社がどのようなビジネスを行っているのか最も分かりやすい箇所だと言える。

5 従業員の状況

(1) 連結会社の状況 ·······

2023年3月31日現在

セグメントの名称		従業員数（人）	
ドライバルク事業		245	(41)
エネルギー事業		902	(75)
製品輸送事業		4,398	(814)
	うち、コンテナ船事業	52	(9)
不動産事業		1,152	(1,044)
関連事業		859	(261)
その他		699	(85)
全社（共通）		493	(165)
合計		8,748	(2,485)

（注）1. 従業員数は就業人員（当社グループからグループ外への出向者を除き，グループ外から当社グループへの出向者を含む）であり，臨時雇用者数は（　）内に年間の平均人数を外数で記載しております。
2. 全社（共通）として記載されている従業員数は，特定のセグメントに区分できない管理部門に所属しているものであります。

(2) 提出会社の状況

区分	従業員数（人）	平均年齢（歳）	平均勤続年数（年）	平均年間給与（円）
陸上従業員	829 (285)	39.1	14.2	15,394,458
海上従業員	339 (23)	34.8	11.8	14,637,729
合計	1,168 (308)	37.8	13.5	15,174,365

セグメントの名称		従業員数（人）	
ドライバルク事業		84	(13)
エネルギー事業		466	(65)
製品輸送事業		175	(47)
	うち、コンテナ船事業	52	(9)
不動産事業		1	(2)
関連事業		0	(0)
その他		0	(0)
全社（共通）		442	(181)
合計		1,168	(308)

(注) 1. 従業員数は就業人員（当社から社外への出向者を除き、社外から当社への出向者を含む）であり、臨時雇用者数は（ ）内に年間の平均人数を外数で記載しております。
　　 2. 陸上及び海上従業員の平均年間給与は、賞与及び時間外手当等を含んでおります。
　　 3. 全社（共通）として記載されている従業員数は、特定のセグメントに区分できない管理部門に所属しているものであります。

(3) 労働組合の状況

陸上従業員および海上従業員それぞれに労働組合があります。

現在、労使間に特別の紛争等はありません。

(point) 原油輸送が6割を占めるタンカー事業

タンカー事業は、主にVLCCやスエズマックス、アフラマックスなどによる原油タンカー、石油製品を輸送するプロダクトタンカー、化学製品を輸送するケミカルタンカーなどに分かれる。タンカー荷動量のうち、原油船が約6割、プロダクト船が約3割、ケミカル船が1割弱を占める。収益規模は小さいが、スポット市況に左右される。

事業の状況

1 経営方針，経営環境及び対処すべき課題等

　文中における将来に関する事項は，当連結会計年度末時点において当社が判断したものです。

（1） 会社の経営の基本方針 ･･

　当社は、商船三井グループの企業理念、グループビジョン、価値観・行動規範（MOL CHARTS）を以下の通り設定しています。

　脱炭脱炭素化を始めとする環境意識の高まりや、企業として社会のサステナビリティに貢献することへの期待が高まるなか、輸送にとどまらない事業領域への拡大やそれに伴う価値観の変化を反映し、更なる成長を実現するために、社会における当社グループの存在意義、目指す姿、および価値観を確認したものです。

商船三井グループの企業理念

青い海から人々の毎日を支え、豊かな未来をひらきます

グループビジョン

海運業を中心に様々な社会インフラ事業を展開し、環境保全を始めとした変化する社会のニーズに技術とサービスの進化で挑む。
商船三井は全てのステークホルダーに新たな価値を届け、グローバルに成長する強くしなやかな企業グループを目指します。

商船三井グループの価値観・行動規範：MOL CHARTS

Challenge	大局観をもって、未来を創造します ・時代のニーズを先取りし、新たなビジネスチャンスを開拓する。 ・会社の更なる成長の為に、イノベーションを生み出す。
Honesty	正道を歩みます ・常にコンプライアンスを意識し、社会規範と企業倫理に則って行動する。
Accountability	「自律自責」で物事に取り組みます ・難題に直面しても、当事者意識を持ち、関係者と協調しつつ自ら進んで解決する。
Reliability	ステークホルダーの信頼に応えます ・お客様の視点に立ち、お客様の期待を上回るサービスを提供する。 ・社会が抱える課題に率先して取り組み責任ある行動をとる。
Teamwork	強い組織を作ります ・お互いを尊重し、自由闊達な風土を創る。 ・知識、経験、技術、海技力を共有し、後継者を育成する。
Safety	世界最高水準の安全品質を追求します ・安全を最優先しているか、自らに問いかけ行動する。 ・現場に向き合い、現場から学び、基本に立ち返り行動する。

ⓟⓞⓘⓝⓣ 価格競争に陥りやすいコンテナ船事業

　コンテナ船業界は長期契約がほとんど無い。安定利益源が無いため，過去にも船腹需給が悪化するとの思惑が先行すると，海運会社が設備稼働を優先させて安値運賃での受注に走って赤字に陥りやすかった。こうした状況は変わっておらず，今後も不定期船に比べて利益が安定しない可能性が高いと思われる。

（2）　優先的に対処すべき事業上及び財務上の対処すべき課題 ·····················

　当社は，2017年度よりローリング方式の経営計画を導入し，2027年のありたい姿に向けて，財務体質の改善と事業ポートフォリオの変革を進めてきました。昨年度の経営計画「Rolling Plan 2022」では，「グループ総合力を発揮し，グローバルな成長に挑む」をテーマに，3つの戦略に沿って様々な取組を進めました。ポートフォリオ戦略では，不動産事業やクルーズ事業をはじめとする非海運事業への投資を積極的に進めました。環境戦略では，「環境ビジョン2.1」に沿って環境投資を着実に積み上げました。地域戦略では，インドをはじめとした海外での営業活動強化とそれを支える体制整備を進めました。また，当社は2022年4月にサステナビリティ計画「MOL Sustainability Plan」を策定し，「Rolling Plan 2022」と「MOL Sustainability Plan」を企業活動の両輪として取り組むことで，持続可能な社会の実現及び当社グループの企業価値向上を目指してきました。

　その結果，2022年度は前年度から続く好調な海運市況の恩恵を受け，2年連続で過去最高益を更新する業績を達成することができました。

　今年度から開始する新たな経営計画「BLUE ACTION 2035」ではローリング方式を改め，2035年度をゴールとする

　中長期経営計画として策定しました。2021年度以降，コンテナ船事業を含む当社グループの各事業の業績が好調に推移した結果，当初2017年に掲げた2027年度の財務目標を2年連続で達成し，財務体質は急速に改善しています。

　グローバルな社会インフラ企業への飛躍に向け，次のステージをあらためて構想・設定し，長期的な戦略に基づき，ありたい姿へ向かう道筋を示しています。

　「BLUE ACTION 2035」では，「Rolling Plan 2022」と「MOL Sustainability Plan」それぞれの要素を融合させ，サステナビリティ経営をより強く表現しています。当社グループのサステナビリティ経営は，長期的な戦略に基づき，社会課題や環境面からも受容できる，持続的な成長の実現をめざすものです。企業理念・MOL CHARTSの精神に沿って「BLUE ACTION 2035」に取り組むことで，サステナビリティ課題を解決し，さらには企業価値の向上，最終的にはグループビジョンの実現へと繋げていきます。

(point) 生産及び販売の状況

　生産高よりも販売高の金額の方が大きい場合は，作った分よりも売れていることを意味するので，景気が良い，あるいは会社のビジネスがうまくいっていると言えるケースが多い。逆に販売額の方が小さい場合は製品が売れなく，在庫が増えて景気が悪くなっていると言える場合がある。

当社は，「BLUE ACTION 2035」の策定にあたり，長期的な外部環境の変化を独自に分析し，当社グループの強みを再確認した上で，2035年のありたい姿をグループビジョンと定義しました。それを実現するためのメインシナリオが事業ポートフォリオ変革です。その実行に向けて，「Rolling Plan 2022」から継承する"3つの主要戦略"に加えて，その基盤整備にもあたる"サステナビリティ課題への取組"のうち最重点5項目を「BLUE ACTION 2035」の中心に据えています。

"サステナビリティ課題への取組"の詳細については第2 事業の状況 2「サステナビリティに関する考え方及び取組」をご参照ください。

「BLUE ACTION 2035」では，2035年度をグループビジョン実現の時期として設定していますが，ゴールまでの期間を3年＋5年＋5年の3フェーズに分け，バックキャスト思考で計画を策定しています。2023〜2025年度のPhase1では，今回掲げる"2035年のありたい姿"と"目指す事業ポートフォリオ"を堅持します。2024年度以降は毎年，Core KPIをモニタリングしながらアクションプランを更新していきます。

(point) **将来有望なLNG輸送も先行投資で利益圧迫要因に**

世界経済の持続的拡大，北米産の安いLNGの輸出開始や新興国の石炭から天然ガスへのシフトなどから，LNGの海上輸送量は今後堅調に増加する見通しだ。ただし，開発業者の採算悪化や環境規制など先行きが不透明な点がリスクとなる。LNG船への大規模な投資計画は，今後2〜3年間は先行投資の位置付けで利益圧迫要因となるだろう。

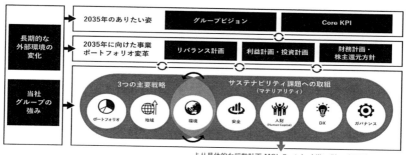

より具体的な行動計画 MOL Sustainability Plan (MSP)

＜BLUE ACTION 2035 で目指す事業ポートフォリオ＞

　BLUE ACTION 2035 で目指す姿として以下2点を設定しました。

　　・海運不況時でも黒字を維持できるポートフォリオへの変革

　　・成長投資の積上げと株主の期待に応える利回り（ROE 9〜10%）の両立

　これを達成するための事業ポートフォリオとして「税引前利益 4,000億円／総資産 7.5兆円」と「市況享受型：安定収益型＝ 40：60 のアセット比率」の目標を設定し，以下のような具体的なリバランス計画を策定しました。

　海運市況との相関性が高い市況享受型事業において海運好況時には高リターンを得る一方，安定収益型事業の比重

　をより高め，海運不況時でも黒字を確保することを目指します。安定収益型事業では，海運の長期契約のみなら

　ず，Rolling Plan から標榜してきた非海運事業をさらに成長させます。

---

point **対処すべき課題**

　有報のなかで最も重要であり注目すべき項目。今，事業のなかで何かしら問題があればそれに対してどんな対策があるのか，上手くいっている部分をどう伸ばしていくのかなどの重要なヒントを得ることができる。また今後の成長に向けた技術開発の方向性や，新規事業の戦略ついての理解を深めることができる。

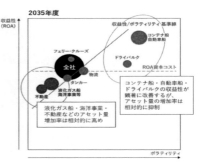

※円の大きさは投下アセット量を表す。

＜BLUE ACTION 2035における主要なテーマ＞

　BLUE ACTION 2035では３つの主要戦略とサステナビリティ課題への取組の内最重点５項目を中心に据えています。各戦略・項目の要点は以下の通りです。

（1）ポートフォリオ戦略

・事業別ROA目標を設定し，個別投資採算基準もそれに沿ったものに変更する。利益規模だけでなく資本効率の改善を図り，全体としてROA資本コストを上回るROAを達成すべく，高リターンを期待する市況享受型事業に継続投資する一方，低リターンながら安定収益型である事業への投資の傾斜を高める。

・IFRS（国際会計基準）の早期適用に取り組む。

・効率的なポートフォリオ変革のため，M&Aをスピード感を持って推進する。

（2）地域戦略

・事業ポートフォリオ変革を支えるグローバルな事業推進体制へ移行する。

| 新たな事業推進体制 | 専任の執行役員を各地域に配置し，各地域の営業・コーポレート組織を強化する。外国人経営人財の登用・育成を進め、地域組織主導の事業開発を進める。意思決定の質・スピードを高め、地域組織が本社と協働して事業開発・運営を行う。 |

非海運を中心とした新規事業開発 ⟲ 海運事業の地域での競争力強化

| 目指す事業の姿 | 日本市場での強みをさらに磨きつつ、グローバルな社会インフラ企業グループとして世界のマーケットで存在感を発揮し、事業拡大を実現する。 |

(point) 長期輸送契約を締結して安定利益を確保

　短期傭船（スポット契約）の比率は10－30％程度と低い。ドライバルク船部門では鉄鉱石，石炭，木材チップ，穀物などの貨物を世界各地に輸送する。運賃は需要と供給によって大きく変動する。市況の影響を受け収益の変動が大きいことから，一部輸送部分については長期契約を結び運賃を安定させるケースが多い。

（3）環境戦略（サステナビリティ課題「環境」への取組）

・2023年4月に更新した環境ビジョン2.2の下，環境への取組をリードする存在であり続ける。

・2020年代の外航ゼロ・エミッション船就航に向けた準備も進める。

代替燃料船隊ロードマップ
（縦軸：自営運航隻数）

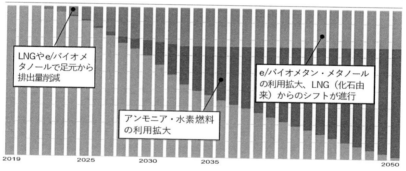

・燃料需要家としての立場を活かして燃料調達・サプライチェーンに参画し海運業界におけるクリーン燃料サプライチェーンの構築を後押しする。

（point）**事業等のリスク**

「対処すべき課題」の次に重要な項目。新規参入により長期的に価格競争が激しくなり企業の体力が奪われるようなことがあるため，その事業がどの程度参入障壁が高く安定したビジネスなのかなど考えるきっかけになる。また，規制や法律，訴訟なども企業によっては大きな問題になる可能性があるため，注意深く読む必要がある。

(4) サステナビリティ課題への取組 「安全」

・海運のみならず非海運事業を包摂する当社グループ全体の安全指針「安全ビジョン」と，具体的な行動計画
「SAFETY ACTION 1.0」を2023年度中に策定する。

内部環境の変化
・海運・非海運，双方における事業領域の拡大
・海技人材の活躍が期待される分野の拡大

外部環境の変化
・安全・安心に対するステークホルダーからの要請
・地政学，自然災害，保安（含むサイバー）上のリスク増加
・テクノロジーの進化

商船三井グループ 安全ビジョンの方向性
地域・事業部門を横断する安全文化を確固たるものにする

1. 卓越したリスク・危機管理能力	2. 海技人材の育成・確保と適切な要員配置	3. 「技術革新」による安全品質の進化と革新

MOL CHARTS の "S" ＝ Safety
世界最高水準の安全品質を追求します
・安全を最優先しているか，自ら問いかけ行動する
・現場に向き合い，現場から学び，基本に立ち返り行動する

ZERO TOLERANCE FOR FATAL ACCIDENTS AND SERIOUS MARINE ACCIDENTS
・死亡事故と重大海難事故の根絶

(5) サステナビリティ課題への取組 「人財」

・2023年4月に発表した「商船三井 Human Capital（HC）ビジョン」の下，グループ・グローバル一元化での人財計
画を推進する。

・2023〜2025年度のPhase 1を「変革期」と位置づけ，行動計画「HC ACTION 1.0」に着手する。

HCビジョン	All on Board, Success through Growth

商船三井グループの海を起点とした社会インフラビジネスは，ここに集う一人ひとりの力が支えています。わたしたちの一人ひとりが，強みを伸ばし，力を発揮します。そして，かけがえのない毎日を支え，新しい価値創造を目指す仲間とともに，わたしたちの未来を変えていきます。商船三井グループは，成長する仲間とともに，まだ見ぬ未来に向かって大海原に挑みます。

基本原則1	基本原則2	基本原則3
多様性 Diversity, Equity & Inclusion	共走・共創 Mutually Empowered	働き甲斐 Highly Engaged
人権の尊重と法令の遵守を徹底し，多様な仲間を受け入れ，一人ひとりが個性を輝かせ，活躍できる機会を生み出します。	一人ひとりが自律したプロフェッショナルとなり，社内外の仲間と共走・共創する環境を実現します。個人の能力を組織や地域の枠をこえて高め合い，グループ全体で組織の力を最大に発揮します。	一人ひとりが日々安心して，健やかにのびのびと活躍できるグループであり続けます。商船三井グループの一員である誇りを持つ仲間が，あたらしい価値の創造に挑む基盤をつくります。

---

point ■ **市況の影響を大きく受けるコンテナ船事業**

コンテナ船事業は需給による市況変動は大きく，競争が厳しい分野である。利益額の変動が大きい理由は，主な貨物が消費財であるため経済環境に大きく左右され，その需要予想が難しいことや，競争環境，運賃の契約タイミング，繁忙期・閑散期のサイクルなど，様々な背景により運賃が動くからだ。

(6) サステナビリティ課題への取組　「DX」（Digital Transformation）

・2023年2月に発表したDXビジョンの下，全体ロードマップに加えて
Phase1の3か年における行動計画「DX ACTION 1.0」も策定。ビジネスと
カルチャーの両面から変革を推進する。

DXビジョン

Towards the Blue Ocean, We Transform

海運業で培った技術・情報をもとに、海の可能性を探究、社員ひとり一人の可能性を拡げ、
多様な人財の力で新たな価値創造を主導、そんな専門性と想像力が融合した姿を目指します。
"青い海＝新たな領域"に向かって、デジタルと共創の力で私たちは未来を切り拓きます。

DX ACTION 1.0

現在までの
デジタル
変革活動

徹底的な
デジタル化と
業務・組織の
最適化の完遂

デジタルを
活用した
社会課題解決
リーディング
カンパニー

〜2025
Digitized/Digitalized
徹底的なデジタル化と
業務・組織の最適化の推進

2026〜
Transformed
企業価値の向上と
社会的存在意義の変容

(7) サステナビリティ課題への取組　「ガバナンス」

・グループビジョンの実現を支えるガバナンス全般の高度化を推進する。

コーポレート・ガバナンス	・取締役会の進化（個別案件に対する助言・意思決定型から、経営全般に対する戦略検討・監督型へ） ・取締役会の多様性確保（独立社外・非業務執行・執行兼務取締役からなる構成とサクセッション）
経営管理の高度化	・全社経営基盤の再構築 　- BLUE ACTION 2035に基づく、事業・地域別のKPI設定と評価制度の確立 　- 全体最適と透明性の実現に資する管理会計制度、及びIFRSの導入 ・地域組織の自律的な事業開発促進 　- 事業・地域特性を踏まえた権限委譲の拡充 　- チーフ・オフィサー体制による全社的モニタリング、及びリスク管理体制の構築
経営リスクに対するインテリジェンスの強化	・エマージングリスク（地政学・気候変動・人権）を含む、全社的リスクマネジメントの強化・実践

(point) **燃費効率の改善で収益安定を狙う**

コンテナ船事業の収益安定には燃費効率の改善が必要であり，船の大型化などで対応
する。また他のコンテナ船会社とのアライアンス拡大による共通費の削減も有効策と
なる。現在世界にはグループが4つあり，それぞれシェアは2割前後。元々コンテナマー
ケットでは大手20社がシェア約8割を握っており，調整は行いやすい。

<BLUE ACTION 2035　Phase 1の具体的なアクションプラン>

各事業本部の目指す方向性とPhase 1のアクションプランは以下の通りです。

ドライバルク事業	2035年に向けた方向性： 貨物構成の変化に対応しつつ市況エクスポージャーを戦略的に取って、好況時には高いリターンを獲得する。 Phase 1の具体的なアクションプラン： ・脱炭素・低炭素化社会の進展により創出される新規貨物・拡大が見込まれる既存貨物の輸送需要取り込み 　（バイオ燃料、穀物、肥料、半製品など） ・世界経済のサプライチェーン・トレードパターンの変化に対応するグローバルな営業ネットワーク整備 ・貨物需要・トレードパターン・船腹需給の変化に適切に対応するためのインテリジェンス機能の強化 ・GHG排出削減に寄与する環境対応船整備の強化 ・高いリターンを実現するための市況エクスポージャー許容度の引き上げ
エネルギー事業	2035年に向けた方向性： エネルギーシフトの大きな流れに積極的に対応し、Green Transformationをリードする存在であり続ける。 Phase 1の具体的なアクションプラン： ≪タンカー（含むケミカル船）≫ ・Methanex社との提携なども活かした、船舶燃料としてのクリーンメタノールの調達、事業機会の獲得 ・代替燃料船隊による脱炭素ソリューションの提供 ≪液化ガス船≫ ・今後の需要増を見据えLNG船の中短期契約向け船隊を整備、一定の範囲内で市況リスクテイクを進める ・LPG／アンモニア船隊の整備 ≪海洋事業・洋上風力発電≫ ・欧州中心に広がる見通しのCCUS事業（二酸化炭素回収・貯留）へ参画 ・台湾・日本での洋上風力発電への参画実績を積み上げ、かつ周辺事業の取り込みに繋げる
製品輸送事業	2035年に向けた方向性： コンテナ船・自動車船の競争優位を磨く一方、物流への積極投資で非海運分野での成長を遂げる。 Phase 1の具体的なアクションプラン： ≪コンテナ船≫ ・ONE発足を通じて獲得した規模のメリットの維持・拡大 ・環境・デジタル戦略を柱とする更なる優位性の構築 ≪自動車船≫ ・環境への対応をリードし顧客の評価を高め、パートナーとして選ばれる存在となる ・増加する中国・インド発ビジネスでの優位性構築 ≪物流≫ ・宇徳・商船三井ロジスティクスをコアと位置づけ、両社を中心に成長を図る ・主にアジアでのM&Aによる事業拡大
ウェルビーイングライフ事業	2035年に向けた方向性： 不動産・フェリーに加えクルーズなどの多彩な事業群を形成し、非海運分野の柱に育てる。 Phase 1の具体的なアクションプラン： ≪不動産≫ ・国内：アセットタイプの拡充、再開発・街づくりに取り組む ・海外：ベトナム・豪州の事業拡大に加え、東南アジア他国・インドへ進出 ≪フェリー≫ ・現行2社の統合のメリット最大化 ・貨物・旅客それぞれのマーケティング強化 ≪クルーズ≫ ・「にっぽん丸」ブランドを革新すべく、新規投入船に向けた準備を進める ・国内顧客に加え、インバウンドを中心に海外顧客の基盤を拡大する

＜BLUE ACTION 2035の定量目標（利益計画・財務計画・投資計画・株主還元策）＞
　（1）利益計画
　　　利益計画については，第2　事業の状況　4「経営者による財政状態，経営成績及びキャッシュ・フローの状況の分析」(7)「経営上の目標の達成状況を判断するための客観的な指標等の達成・進捗状況」をご参照ください。
　（2）財務計画・投資計画
　　　財務計画・投資計画については，第2　事業の状況　4「経営者による財政状態，経営成績及びキャッシュ・フローの状況の分析」(7)「経営方針・経営戦略，経営上の目標の達成状況を判断するための客観的な指標等の達成・進捗状況」をご参照ください。
　（3）株主還元策
　　　株主還元策については第4　提出会社の状況　3「配当政策」をご参照ください。

＜コンプライアンス上の対処すべき課題＞
　当社グループは，2012年以降，完成自動車車両の海上輸送に関して各国競争法違反の疑いがあるとして，米国等海外の当局による調査の対象となっております。また，本件に関連して，当社グループに対し損害賠償及び対象行為の差止め等を求める集団訴訟が英国等において提起されています。このような事態を厳粛に受け止め，当社グループでは独禁法をはじめとするコンプライアンス強化と再発防止に引き続き取り組んでまいります。
　なお，当社におけるコンプライアンスに関する取り組みについてはP106に記載のとおりです。

2　事業等のリスク

＜リスク管理に関する基本的な考え方＞
　世界中で幅広く事業を展開する当社グループは，様々なリスクに晒されています。下表の通り，当社グループの事業が晒される主要なリスクを，管理手法に基づき「エマージングリスク」，「業務遂行上のリスク」に分類し，種別ごとに担当部門を置き，管理

(point) 財政状態，経営成績及びキャッシュ・フローの状況の分析

　「事業等の概要」の内容などをこの項目で詳しく説明している場合があるため，この項目も非常に重要。自社が事業を行っている市場は今後も成長するのか，それは世界のどの地域なのか，今社会の流れはどうなっていて，それに対して売上を伸ばすために何をしているのか，収益を左右する費用はなにか，などとても有益な情報が多い。

規程やガイドライン等に従って，リスク量の把握やヘッジによるエクスポージャーの削減，保険付保等によるリスク移転を含めたリスク低減策を講じています。各担当部門によるリスク管理の状況は定期的に経営会議（重要なものについては，取締役会）に報告され，情報の一元管理と必要な判断・対応が行われています。また，新規の投資判断を含む重要な意思決定にあたっては，予め専任の社内審査部門によってリスクの洗い出しを行い，必要に応じて起案する各担当部門のアセスメントを経て，意思決定プロセスに入ります。意思決定の内容・重要性に応じて，経営会議の下部機関として6つの委員会（P.101参照）を設け，事前審議をおこなうことにより，リスクの掘り下げや論点整理がなされます。また，最重要案件については，経営会議における慎重な審議を経て取締役会に付議され，リスク管理を重視した判断を行っています。

管理手法に着目したリスク分類	リスク管理手法	当社事業における主要なリスク項目	リスク管理主体
I. エマージングリスク	リスクシナリオに基づく全社横断的な管理	地政学的リスク	全社横断(経営企画部が統括)
		気候変動リスク	
II. 業務遂行上のリスク	過去の経験・知見に基づく種類別・縦割の管理	運航・操業リスク	海上安全部
		サイバーセキュリティリスク	商船三井システムズ
		災害・疾病リスク	秘書・総務部、海上安全部、人事部、各営業部
		グループガバナンスリスク	グループ会社管理担当部、経営企画部
		人権リスク	環境・サステナビリティ戦略部、人事部
		バリューチェーンリスク	環境・サステナビリティ戦略部、技術部、海洋技術部、各営業部
		海運市況・顧客信用・カントリーリスク	経営企画部、各営業部
		為替・金利・燃料油価格変動リスク	財務部、燃料部

＜リスク管理の高度化に向けた施策＞

　当社事業に影響を与える外部環境の不可逆的な変化のうち，発生確率や影響度合いを定量的に把握できないものを「エマージングリスク」と定義しています。近年，エマージングリスクへの対応はリスク管理の点で重要性が高まっており，エマージングリスクを全社横断的に管理し，取締役会が対応策の意思決定する仕組みを導入することを目指しています。2021年度から全社リスクマッピング策定に向けた検討を開始し，2022年度はエマージングリスク・業務遂行上のリスクそれぞれの管理手法の確立に向けて取締役会での議論を行いました。

(point) 変動が激しく安定性に欠けるコンテナ船事業

　　コンテナ船については，利益変動が激しい。今期，前期ともに依然赤字だ。以下，過去のコンテナ事業の経常利損益：2004/3期 248億円，2005/3期 556億円，2006/3期 375億円，2007/3期 32億円，2008/3期 69億円，2009/3期▲213億円赤字，2010/3期▲569億円赤字，2011/3期 388億円，と収益安定性に欠ける。

当社グループの事業リターンの主な源泉でもある海運市況変動に伴うアセット価値の変動リスクに対しては，2014年からアセットリスクコントロールと呼ぶ仕組みを導入し，バリューアットリスク（VaR）に基づくリスク量に対して自己資本が十分な水準にあることを検証する形でのリスクの定量評価を行い，半年に一度，取締役会と経営会議に報告し監督を受けています。

更に，オペレーション，事業継続（BCP），コンプライアンス等に係わるリスクに対する管理体制の高度化も続けています。2020年7月26日にモーリシャス沖で発生したWAKASHIOの油濁事故を踏まえ，2021年には，当社又は当社グループ全体の事業活動に対して甚大な影響を及ぼしうる事象（クライシス）が発生した場合に，事業継続と企業価値維持を図るべく，社会的インパクトを考慮しつつ当社グループ一丸となってクライシス対策を講じる組織として，社長を本部長とするクライシス対策本部を設置し，適切且つ迅速に対応する体制を整備しました。当社は，重大海難事故を含む海難事故，地震・感染症やテロ等の災害，及び重大ICTインシデントが生じた場合には，それぞれ「重大海難対策本部規程」，「海外安全管理本部規程」，「災害感染症対策本部規程」，及び「重大ICTインシデント対策本部規程」に基づき，事業継続を含む早期復旧・再開を図るための組織として，各対策本部を設置し，適切に対処していますが，これら各対策本部の枠組みにとどまらないクライシス発生時においては，「クライシス対策本部規程」に基づき，クライシス対策本部を設置します。また，同年にはグループ会社の一部を対象に重要リスクの洗い出しとその評価を定期的に行うリスクアセスメントのプロセスを整備し，試験的に運用を開始しています。

＜エマージングリスク管理の考え方＞

重要なリスクシナリオとして特定されたものについて，取締役会は経営の基本方針に則り，直近の兆候情報と専門家の見解を踏まえ，当社事業への影響，及び当社が取り得る対応策について議論を行います。また，エマージングリスクを事業機会としても認識し，経営計画や事業戦略策定の為の十分な議論を取締役会と執行が行います。

(point) **スポット市況のトレンドを示すバルチック海運指数**

スポット市況のトレンドを示す指数として，バルチック海運指数（バルチック・ドライ・インデックス）が有名だ。ドライバルクの海上輸送運賃についての総合指数であり，過去には乱高下し話題になったこともある。バルチック海運指数を動かすファクターは船腹の需給だが，これは新造船コストや貨物輸送の距離等に左右される。

①情報収集	②リスク評価	③重要なエマージングリスクの特定
情報の網羅性確保		自社観点の反映と抽出
外部の知見を活用しながら，自社に関係する領域に限定せずに外部環境の変化シナリオ(=リスクシナリオ)をリストアップ	リスクシナリオが顕在化したときに，当社の各事業，各バリューチェーンが受ける影響の蓋然性と影響度を評価。	各バリューチェーンの重み等を考慮しながら，重要なエマージングリスクを特定。

＜アセットリスクコントロールの考え方＞

　金融機関で幅広く利用されているリスク管理手法を海運業向けに応用したもので，保有アセットに対して同時に相当程度のストレスシナリオを適用し，それが一定期間継続した場合に想定される最大の損失額を計算し，その総額を総リスク量と見做して，自己資本との比較で過大とならないように管理するものです。また，アセット毎の市況が，異なるタイミングで変動することによる分散効果も考慮しています。カントリーリスクや顧客信用リスク，グループ会社の事業リスクも含めて，より適切にリスク量を計測できる仕組みです。

アセットリスクコントロール イメージ図

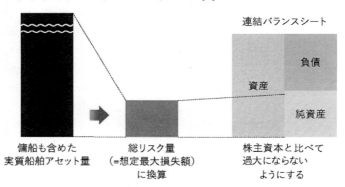

備船も含めた実質船舶アセット量	総リスク量（＝想定最大損失額）に換算	株主資本と比べて過大にならないようにする

連結バランスシート

負債

資産

純資産

＜主要なリスクの概要と対応策＞

1. 経営計画・投資計画の進捗に関わる影響 ‥‥‥‥‥‥‥‥‥‥‥‥‥‥‥‥‥‥

　当社グループは，海運事業を中心として当社グループが強みを持つ分野に経営資源を重点的に投入していますが，以下に記載する各種リスクによって，投資が

---

point **設備投資等の概要**

　セグメントごとの設備投資額を公開している。多くの企業にとって設備投資は競争力向上・維持のために必要不可欠だ。企業は売上の数％など一定の水準を設定して毎年設備への投資を行う。半導体などのテクノロジー関連企業は装置産業であり，技術発展がスピードが速いため，常に多額の設備投資を行う宿命にある。

想定通りに進捗せず，投下資金の回収不能，追加損失が発生するリスク，及び計画した利益が上がらないなどのリスクを負っています。

　新規の投資決定にあたっては，投資の意義・目的を明確にした上で，投資のリスクの発生可能性・影響度を認識・測定し，投下資金に対する利回りが期待収益率を上回っているか否かを評価し，選別を行っています。しかしながら，このような投資評価の段階での案件の選別を厳格に行っているものの，期待する利益が上がらないというリスクを完全に回避することは困難であり，事業環境の変化や案件からの撤退等に伴い，当社の業績及び財務状況が影響を受ける可能性があります。

（1）　運航・操業リスク

　海運業を中心として，約800隻の多様な船舶や海上プラントを運航・操業し，様々な社会インフラを提供する当社にとって，衝突・座礁・火災といった事故による船体・積み荷・乗組員への損害や損傷，貨物油や燃料油流出による環境汚染（油濁）は最も重大なリスクの一つです。当社は事故を未然に防ぐため，保有船・備船の区別に関わらず，安全運航本部と各営業本部，船主（備船の場合），及び船舶管理会社との緊密な連携のもと，船員に対する教育・指導や，安全を担保する船体仕様の整備などソフト面・ハード面で様々な対策を講じています。また，海賊やテロの危険に対しても，十分な訓練，緻密な運航ルール設定，陸上からのサポート，必要な設備の設置など，様々な備えを行っています。

　なお，最善を尽くした上でも避けきれない事故によって当社自身もしくは関係者に損害が発生した場合においても，業績に大きな影響を受けることを回避するため，また十分な原資を確保するため，必要な金額の各種保険（賠償責任保険・船体保険・戦争保険・不稼働損失保険）を付保し，備えとしています。

　また，レピュテーションリスクを抑えるため，事故発生時のメディア対応や情報発信について，年に一度重大海難対応訓練を実施しているほか，必要に応じメディアコンサルタントを起用しています。

（2）　サイバーセキュリティリスク

　当社グループの事業及び業務は，情報システムに大きく依存しており，重大

(point) 主要な設備の状況

　「設備投資等の概要」では各セグメントの1年間の設備投資金額のみの掲載だが，ここではより詳細に，現在セグメント別，または各子会社が保有している土地，建物，機械装置の金額が合計でどれくらいなのか知ることができる。

ICTインシデント（ICTシステム障害，サイバー攻撃，自然災害，オペレーションミス等を起因として発生または発生の可能性があるセキュリティ・プライバシーの侵害及び当社グループの信頼低下等）が発生した場合には，当社グループの事業が大きな影響を受ける可能性があります。当社グループでは「重大ICTインシデント対策本部規程」及び「重大ICTインシデント対応ガイドライン」において，グループ共通のインシデントレベルの判断基準，インシデントレベルに応じた対応方針を定めています。重大なICTインシデントが発生した場合には，対策本部が設置され，ステークホルダー（株主，顧客，メディアなど）への報告・説明，技術的・法的対応等を速やかに組織的に実施し，当社グループの利益，ブランド，信用を著しく損なう事態の発生を防ぐ体制としています。

（3） 災害・疫病リスク

　大規模な災害や疫病等は当社グループ運航船の船員のみならず，陸上で勤務する従業員の活動を制限し，当社グループの持続的な事業活動に大きく影響が及ぶことが想定されます。

　大規模な地震等の災害発生時にも船舶の運航・操業を維持し，サプライチェーンを支える社会的役割を果たすため，当社はBCPマニュアルを定め，サテライトオフィスやシステムのバックアップ体制を整備した上，十分な訓練を実施しています。また，本社役職員全員にノート型PCを配布することにより，クラウド型ツール等を活用してリモート環境から勤務可能な就労体制を整備しています。当社グループでは，災害や感染症の流行に際して，運航船と役職員の安全を最優先に確保し，事業の中核である「海上運送サービス」の提供継続と，万が一それが中断した場合に早期復旧を図ることを目的に，事業継続計画（BCP）を策定しています。また，以前から災害等を想定した本社・社外での訓練等を定期的に実施し，そこで明確になった課題に対処することで，より実効性を高めています。

（4） グループガバナンスリスク

　当社は本社組織に属するグループ会社である商船三井システムズ株式会社，商船三井ドライバルク株式会社，MOL Chemical Tankers Pte. Ltd.，株式会社宇徳，

---

point **コンテナ船の大型化でコスト競争力が高まる**

　コンテナ船は既存船の売却などで全体の船腹量があまり増えない見通しだ。リーマンショックの苦い経験から各社は供給の増加に対して非常に慎重になっている。またコンテナ船の大型化が急速に進んでおり，今後はコスト競争力が高まる。これにより損益分岐点は低下し，運賃下落への耐性が強まり，収益への影響が薄まるだろう。

商船三井ロジスティクス株式会社，ダイビル株式会社をはじめ，子会社，関連会社を有しております。当社グループとしての企業価値の向上と業務の適正を確保する体制を整備しておりますが，子会社の統治が十分に機能せず，発生したインシデントの対応の遅れなどが生じた場合には，業績に影響を及ぼす可能性があります。

当該リスクに対応するため，2023年度から「チーフ・オフィサー制」を整備して，当社グループのコーポレート機能を横断的に統括し，一体的且つ戦略的な取り組みを強力に支援する体制に移行しました。各チーフ・オフィサーは，社長（CEO）の権限と責任の一部について委任を受け，特定の横断的機能において，当社（本社）のみならず当社グループ全体を指揮・統制することをその任務としています。

また2022年度から国内外グループ会社に対するリスクアセスメントを導入しました。各グループ会社のセルフアセスメントを通じ，各社及び本社管理担当部がリスクの所在・内容を把握し，また本社経営陣及びコーポレート部門がグループ全体のリスクについて把握することで，それぞれがより実効的なリスク管理体制の構築を行うための基礎資料とすることを目的としています。

当社グループ経営における3線ディフェンスの考え方（2023年度新体制）

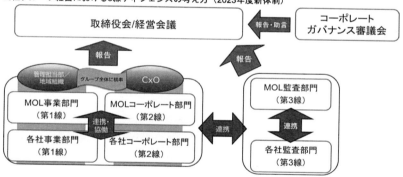

（5） 人権に関わるリスク・バリューチェーンにおける各種リスク ……………

当社グループにおける全てのバリューチェーンにおいては，人権・安全・環境

面等，バリューチェーン全体の持続可能性に関する様々なリスクが存在します。特に，あらゆる形での差別・長時間労働・ハラスメント・強制労働・児童労働等の人権に関わるリスクは，社会的な関心事となっていることから当社グループの企業価値の毀損につながる恐れがあります。

このため，当社グループでは，サステナビリティ課題「"Governance" 事業を支えるガバナンス・コンプライアンス」の取組テーマに「人権尊重」と「責任ある調達」を掲げ，関連する取り組みを強化しています。当社グループでは「商船三井グループ 人権方針」，「商船三井グループ調達基本方針」，及び「取引先調達ガイドライン」を整備しており，当社グループとしての「人権尊重」への姿勢を改めて社内外に示すとともに，人権・安全・環境等に配慮した持続可能なバリューチェーン構築のため，取引先を含む，多様なステークホルダーに理解・協力が得られるような内容としています。

また，社内方針整備のみならず，バリューチェーンマネジメントの仕組みを構築します。以下に示す各ステップの通り，人権デューデリジェンスを包含したバリューチェーンのモニタリングスキームの立案・実装を進め，環境・人権・ガバナンス関連のリスクについての実態の把握及び改善に努めます。これらは適時適切に効果の検証と情報の開示を行うことにより，ステークホルダーの皆さまへの説明責任を果たします。

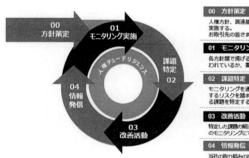

00 方針策定
人権方針，調達基本方針，取引先調達ガイドラインの整備。定期的な見直しも実施する。
お取引先の皆さま向けに各方針類の趣旨・内容を説明する機会を設ける予定。

01 モニタリング実施
各方針類で掲げる内容について，バリューチェーン上にて適切に取り組みが行われているか，書面調査・実地調査を通じたモニタリングを実施する。

02 課題特定
モニタリングを通じて明らかになった当社のバリューチェーン上で実在・潜在するリスクを踏まえ，今後解決しなくてはいけない人権，安全，環境面に関する課題を特定する。

03 改善活動
特定した課題の解決に向けた取組の改善活動を実施する。改善活動の効果は，次年度のモニタリングにて検証する。

04 情報発信
当社の取り組みの透明性を担保することを目的に，一連の取り組みについて順次情報発信を行う。

（6）　海運市況・顧客・カントリーリスク ···

　当社は以下の考え方の下，海運市況・顧客・カントリーリスク管理を行っています。

・市況リスク

　　中長期契約を前提としないアセットに投資する場合，将来的な需給バランスの見通しを注意深く精査した上で，選別的に実行しています。各アセットへの投資については，市況変動パターンが異なる幅広い種類の船舶や海運関連事業を手掛けるとともに，海洋事業，洋上風力発電事業，物流事業，或いは不動産事業といった非海運事業への積極投資を掲げるポートフォリオ戦略によって，事業ごとに市況リスクを打ち消し合う体制とし，同リスクの分散に努めています。また，期中リスクの低減については，例えばケープサイズバル

　　カーやVLCCといった船舶において，FFA（運賃先物取引）をヘッジ手段として活用することにより，既に進行中の事業年度におけるエクスポージャーを削減し，損益とリスクの安定化を図っています。

・顧客信用リスク

　　国内外の信用力の高いお客様との中長期契約獲得を積極的に推し進め，当社グループの保有アセットのうち市況に晒されるアセット量とその期間を限定することに加え，保有アセットの契約投入期間と保有期間を極力整合させ，市況に対してニュートラルな状態とすることを原則としています。また，融資においては，融資先の信用リスクの悪化に伴う貸倒引当金の計上等により，当社の業績及び財務状況が影響を受ける可能性があります。このため，融資先の財務状況等は定期的にモニタリングする体制としております。

・カントリーリスク

　　カントリーリスクについては，重要リスクの見込まれる国・地域，及び顧客別の投下資本全体（保有アセット総額）について，「アセットリスクコントロール」（前述）と同様に，半年に一度，取締役会，及び経営会議にて定期的に把握する体制としています。

　　なお，現時点において地政学リスクが発現しているロシア関連の事業については，LNG船15隻，コンデンセートタンカー1隻が貸船契約に従事中，もし

---

point **株式の総数等**

　発行可能株式総数とは，会社が発行することができる株式の総数のことを指す。役員会では，株主総会の了承を得ないで，必要に応じてその株数まで，株を発行することができる。敵対的TOBでは，経営陣が，自社をサポートしてくれる側に，新株を第三者割り当てで発行して，買収を防止することがある。

商船三井の会社概況　　**69**

くは貸船契約開始前の状態にあります。この内，砕氷機能を有する等特殊仕様の７隻（合計投資額約1,448億円（＊））は他事業への転用が難しいため，万一契約が継続できない状況になった場合，関係先への船舶の売却など最大限の対策を講じるものの，資産価値が減少する可能性があります。しかしながら，当社自己資本に対する割合は小さく，影響は限定的と考えられます。

（＊）当連結会計年度末投資残高798億円及び今後投資予定の650億円の合計であり，関連会社保有分は当社持分相当を含めて算出している。

なお，いずれの隻数も関連会社保有分を含めた隻数。

（7）為替・金利・燃料油価格変動リスク

・為替

外航海運業においては，収入のほとんどが米ドル建てであるのに対し，日米間の金利水準なども踏まえてコストや借入の一部を円建てとしているため，為替リスクが生じます。当社は財務部門を通じた将来的な金融環境の見通しを踏まえ，必要に応じて費用のドル化やドル借入によりエクスポージャーを限定し，その上で期中に機動的な為替ヘッジも行うことで，リスク低減に努めています。

・金利

当社グループでは，船舶の新規建造や更新のために継続的な設備投資を行っていますが，長期の設備資金調達時には，固定金利借入や金利スワップを活用することで金利変動リスクを回避することを原則としています。

・燃料油価格

燃料油コストは船舶運航費用の大きな部分を占めることから，かつてその価格変動は当社グループの損益に多大な影響を及ぼしていました。しかしながら，現在では中長期契約の大部分に燃料油価格変動リスクをお客様にご負担いただく条項が含まれているほか，短期契約においても，その時々の燃料油価格に基づく運賃提示を行うか，一定の算式によって燃料油価格変動を運賃に反映する契約としています。それでも残る限られたエクスポージャーに関しても，燃料油先物取引を活用してリスク量の縮減に努めており，燃料油価格変動による損益影響は今では極めて限定的となっています。

(point) 連結財務諸表等

ここでは主に財務諸表の作成方法についての説明が書かれている。企業は大蔵省が定めた規則に従って財務諸表を作るよう義務付けられている。また金融商品法に従い，作成した財務諸表がどの監査法人によって監査を受けているかも明記されている。

（8） 気候変動リスク ･･

地球温暖化をはじめとする気候変動は，気象・海象の変化をより激しくし，安全運航の妨げに繋がる危険性があります。また，気候変動対策としての脱炭素化の流れは，大量の燃料油を必要とし，主要貨物として様々な化石エネルギー資源を輸送する当社にとって，公的規制等によるコスト増大や輸送需要の構造的減少などの形で事業環境を大きく変える可能性があります。

当社グループはこうした流れに即して「商船三井グループ 環境ビジョン2.2」において2050年までのGHGネットゼロ・エミッション目標を掲げ，その達成に向けてロードマップを策定・公表し，クリーン代替燃料や省エネ技術の導入，効率運航の深度化等を進めています。また，代替燃料輸送や低・脱炭素化に資するソリューションを開発・提供することにより，脱炭素化の流れを新たな需要喚起に繋げ，ビジネスチャンスとしていきます。当社グループが負う気候変動リスクの全体像や対処方針については，TCFDの枠組みを活用し，その詳細を開示しています。

（9） 技術革新・公的規制 ･･

当社グループは，技術革新によるアセットの陳腐化，又は公的規制の変更等により，保有アセットの価値低下に伴う損失を計上する可能性があります。また，保有アセットの価値低下に伴う売却や傭船・リース契約の中途解約を行う場合があり，その結果として，当社グループの業績及び財務状況が影響を受ける可能性があります。

・技術革新

当社グループの主たる事業分野である外航海運業では，投資主体となる船舶等アセットの保有期間は約20年を超える長期なものとなります。インターネットや代替燃料に関する技術が急速な発展を遂げている中，当社グループが保有するアセットの陳腐化，或いは競争力の低下等が生じる可能性があります。また，技術革新に対応するために，設備投資等の負担が増加する可能性があり，かかる場合には当社グループの業績に影響を及ぼす可能性があります。当社グループは，このような技術革新や情報技術の動向を捉えて，国内外造船所や外

(point) **連結財務諸表**

ここでは貸借対照表（またはバランスシート，BS），損益計算書（PL），キャッシュフロー計算書の詳細を調べることができる。あまり会計に詳しくない場合は，最低限，損益計算書の売上と営業利益を見ておけばよい。可能ならば，その数字が過去5年，10年の間にどのように変化しているか調べると会社への理解が深まるだろう。

部研究機関との密な連携を始め，社内でも先進的な技術開発を行うことで，新規技術の評価・検証を実施し事業展開に活用しています。

・公的規制

　外航海運業では，設備の安全性や船舶の安全運航のために，国際機関及び各国政府の法令，船級協会の規則等様々な公的規制を受けております。また，その他の事業分野も含め，事業を展開する各国において，事業・投資の許可をはじめ，運送，通商，独占禁止，租税，為替規制，環境，各種安全確保等の法規制の適用を受けております。これらの規制を遵守するためにはコストが発生しており，また，これらの規制が変更された場合，若しくは新たな規制等が導入された場合には，新たなコストが発生する可能性があります。加えて，当社グループは，これらの規制の遵守体制を構築し，運用状況について情報収集を行っておりますが，関係当局による調査の対象となることや，その調査の結果によっては処分や処罰を受けることがあります。

（10）　コンプライアンスリスク

　当社グループにおいて，各種ハラスメント，贈賄，独禁法・競争法違反，インサイダー取引等のコンプライアンス関連のリスクは，時に巨額の損害賠償請求につながる恐れがあり，当社グループの持続的な事業活動に大きく影響が及ぶことが想定されます。

・コンプライアンス実現に向けた取り組み

　当社は，2014年に公正取引委員会から，特定自動車運送業務の取引に関連して独占禁止法第3条に違反する行為があったと認定されました。当社グループでは，コンプライアンス遵守が企業活動の大前提であることを役職員一人ひとりが深く心に刻み，日々の業務において適切な判断を下せるよう，規範とすべき行動基準を定めたコンプライアンス規程を整備し，継続的な研修によりその徹底を図っています。また，コンプライアンス委員会を3カ月ごとに開催し，グループ内のコンプライアンス事案を審議，違反案件への対応を行っているほか，事例の件数や内容を社内に公開することにより，役職員の意識向上を促しています。

・コンプライアンス相談窓口

　　当社グループでは，当社及び当社グループの役職員，派遣社員が日本語・英語で利用することのできるコンプライアンス社内・社外相談窓口を設置しています。社外相談窓口については社外の弁護士がその任にあたり，受け付けた報告・相談をコンプライアンス委員会事務局に伝えるとともに，それ以降も報告・相談者と会社間の連絡を取り次ぎます。いずれの窓口においても報告・相談者の秘密は厳守されるとともに，調査協力者も含めて，不利益な処遇がなされないことが保証されています。さらに，当社Webサイトにおいて，国内外取引先など一般外部からのコンプライアンスに関する問い合わせも受け付けています。

・独禁法遵守及び腐敗防止への取り組み

　　当社グループでは，独禁法遵守行動指針及び贈賄等防止規程，加えてより具体的なガイドラインである「DO!s &DON'T!s ガイド」等を作成し，各種研修を通じて国内外における法規制の概要と留意点を全従業員に周知することにより，独禁法遵守及び腐敗防止の徹底に努めています。

　　なお，文中における将来に関する事項は，有価証券報告書提出日現在において当社グループが判断したものです。

　　また，上記は当社グループの事業その他に関し，予想される主なリスクを具体的に例示したものであり，ここに記載されたものが当社グループのすべてのリスクではありません。加えて，将来の予測等に関する記述は，現時点で入手された情報に基づき合理的と判断した予想であり，潜在的なリスクや不確実性その他の要因が内包されております。従い，実際の業績は，見通しと異なる結果となる可能性があります。

3 経営者による財政状態，経営成績及びキャッシュ・フローの状況の分析

(1) 経営成績 ······························

	前連結会計年度 (自 2021年4月1日 至 2022年3月31日)	当連結会計年度 (自 2022年4月1日 至 2023年3月31日)	増減額/増減率
売上高 (億円)	12,693	16,119	3,426 / 27.0%
営業損益 (億円)	550	1,087	537 / 97.6%
経常損益 (億円)	7,217	8,115	898 / 12.4%
親会社株主に帰属する 当期純損益 (億円)	7,088	7,960	872 / 12.3%
為替レート	¥111.52/US$	¥134.67/US$	¥23.15/US$
船舶燃料油価格 ※	US$585/MT	US$745/MT	US$160/MT

※平均補油価格（全油種）

　当期の業績につきましては，売上高1兆6,119億円，営業損益1,087億円，経常損益8,115億円，親会社株主に帰属する当期純損益は7,960億円となりました。

　なお，当社持分法適用会社 OCEAN NETWORK EXPRESS PTE. LTD. （以下「ONE社」）における利益の積み上げなどにより，営業外収益で持分法による投資利益として6,684億円を計上いたしました。うち，同社からの持分法による投資利益計上額は6,208億円となります。

　売上高は，ドライバルク，エネルギー，自動車船の好市況に加え，通期で円安基調であった影響もあり，前期比増収となりました。

　経常損益は，上半期に高水準の運賃を継続したコンテナ船事業で前年並みの利益を確保したことに加え，油送船事業や自動車船事業における損益改善と，LNG船・海洋事業における安定的な利益の確保が寄与し，前期比増益となりました。

　親会社株主に帰属する当期純損益は，経常損益の増益に加えて，船舶売船益や有価証券売却益等の特別利益の積み上げもあり，前期比増益となりました。なお，経常損益と親会社株主に帰属する当期純損益では前年度に続き，過去最高益を更新しました。

　セグメントごとの売上高及びセグメント損益（経常損益），それらの対前期比較及び概況は以下のとおりです。

上段が売上高（億円），下段がセグメント損益（経常損益）（億円）

セグメントの名称	前連結会計年度 （自 2021年4月1日 至 2022年3月31日）	当連結会計年度 （自 2022年4月1日 至 2023年3月31日）	増減額／増減率
ドライバルク事業	3,607	4,296	688 ／ 19.1%
	432	576	143 ／ 33.3%
エネルギー事業	2,940	3,887	947 ／ 32.2%
	198	395	197 ／ 99.6%
製品輸送事業	5,153	6,773	1,619 ／ 31.4%
	6,629	7,054	424 ／ 6.4%
うち、コンテナ船事業	566	530	△36 ／ △6.4%
	6,340	6,201	△138 ／ △2.2%
不動産事業	389	395	6 ／ 1.7%
	97	81	△16 ／ △17.0%
関連事業	445	571	125 ／ 28.2%
	△23	△5	17 ／ －%
その他	157	196	39 ／ 24.8%
	27	17	△9 ／ △34.7%

（注）「売上高」は外部顧客に対する売上高を表示しております。

① ドライバルク事業

　ケープサイズの市況は，上半期は堅調なインド向け石炭需要を背景に5月中旬をピークに上昇しましたが，世界経済の先行き不透明感及び新型コロナウイルス感染症の規制緩和・撤廃による船腹稼働率上昇に起因する船腹需給の緩みを受けて夏場にかけて大幅に下落しました。下半期は一時的に上昇する局面がみられたものの，上値の重い展開が続きました。パナマックス及びハンディマックス船型以下の市況は，上半期は石炭・穀物の堅調な輸送需要により高水準でスタートしましたが，7月以降は世界経済の減速及び中国向け荷動きの減少により次第に軟化し，下半期も中国向け石炭や，南米積穀物，鋼材等の荷動きの減少により，概して弱い基調で推移しました。

　市況は軟化したものの，長期契約の安定的な履行とオープンハッチ船や多目的船事業の貢献に加え，当社連結子会社において，持分法適用会社GEARBULK HOLDING AGに対する貸付金について過去計上していた貸倒引当金の一部を同社財務状況改善に伴い戻し入れたため，前期比で増益となりました。

② エネルギー・海洋事業

<タンカー>

　原油船は，ロシアのウクライナ侵攻によるトレードパターン変化に伴い，トンマイルの伸長及び米国の戦略備蓄放出等を背景に，夏場以降の市況は堅調に推移しました。石油製品船は，原油船同様ロシア出し石油製品の代替調達によるトンマイルの伸長もあり，年間を通じて堅調な荷動きとなりました。

　好調な市況環境に加えて，安定的な長期契約の履行やコスト削減に努めた結果，タンカー事業全体では前期比大幅増益を達成しました。

<オフショア>

　FPSO事業は，新たに2隻竣工したほか，既存の長期貸船契約により引き続き安定的な利益を積み上げました。

<液化ガス>

　LNG船事業は，既存の長期貸船契約により引き続き安定的な利益を確保する中，一部長期契約の満了の影響もあり，前期比で減益となりました。FSRU事業は，既存船の短期契約への投入により，前期比で損益改善となりました。

③ 製品輸送事業

<コンテナ船>

　当社持分法適用会社ONE社において，上半期は北米・欧州航路を中心に旺盛な輸送需要が継続しましたが，下半期は夏場以降港湾の混雑緩和に加え，顕著となった北米商品在庫の積み上がりとインフレ進展による欧州での消費減退に伴い，船腹供給量の回復と輸送需要の急激な減退により短期運賃市況が急速に弱含みしました。しかしながら，上半期における利益の積み上げもあり，結果として前期並みの損益を維持しました。

<自動車船>

　世界的な半導体不足や新型コロナウイルス感染症拡大の影響により完成車荷動きが変動する中，柔軟に配船計画を見直すことで前期並みの輸送台数を確保しました。輸送効率の改善にも努めた結果，前期比で増益となりました。

<港湾・ロジスティクス>

　港湾事業は，夏場以降の北米コンテナターミナルでの混雑緩和を受けて荷動き

が正常化する中でもコンテナ取扱量は堅調に推移しました。ロジスティクス事業は，航空・海上運賃市況軟化の影響を受けましたが，上半期で積み上げた利益の貢献もあり前期比で増益となりました。

＜フェリー・内航RORO船＞

　旅客に関しては，新型コロナウイルス感染症拡大による行動制限が緩和され，前期比で乗船客数が大幅に回復しました。物流に関しては，自動車部品関連の回復が遅れているものの，概ね安定的に推移した結果，フェリー・内航RORO船事業全体で，前期比で損益改善となりました。

④ 不動産事業

　当社グループの不動産事業の中核であるダイビル（株）が保有する一部オフィスビルの建替えに伴い若干の減益となりましたが，概ね安定的な損益で推移しました。

⑤ 関連事業

　クルーズ事業は，新型コロナウイルス感染症拡大防止に向けた行動制限が緩和されたことにより需要が回復し，営業運航の増加により，前期比で損益改善となりました。曳船事業は各社各港において状況に差はあるものの，作業対象船の入出港数の増加や作業料金改定などにより，前期比で増益となりました。

⑥ その他

　主にコストセンターであるその他の事業には，船舶運航業，船舶管理業，貸船業，金融業などがありますが，前期比で減益となりました。

(2) 生産，受注及び販売の実績 ……………………………………………

　当社グループ（当社及び連結子会社。以下同じ。）は「第1 企業の概況　3 事業の内容」に記載したとおり，6つの事業区分からなり，提供するサービス内容も，多種多様であります。従って，受注の形態，内容も各社毎に異なっているため，それらをセグメント毎に金額，数量で示しておりません。

セグメントの売上高

セグメントの名称		当連結会計年度 (自 2022年4月1日 至 2023年3月31日)	
		金額（百万円）	前年同期比（%）
ドライバルク事業		429,602	119.1
エネルギー事業		388,709	132.2
製品輸送事業		677,352	131.4
	うち、コンテナ船事業	53,060	93.6
不動産事業		39,582	101.7
関連事業		57,113	128.2
その他		19,623	124.8
合計		1,611,984	127.0

(3) 財政状態 ･･･

　当連結会計年度末の総資産は，前連結会計年度末に比べ8,775億円増加し，3兆5,642億円となりました。これは主に投資有価証券が増加したことによるものです。

　負債は，前連結会計年度末に比べ2,747億円増加し，1兆6,266億円となりました。これは主に短期借入金が増加したことによるものです。

　純資産は，前連結会計年度末に比べ6,027億円増加し，1兆9,376億円となりました。これは主に利益剰余金が増加したことによるものです。

　以上の結果，自己資本比率は前連結会計年度末に比べ，6.6ポイント上昇し，54.0％となりました。

(4) キャッシュ・フローの状況 ･･････････････････････････

　当連結会計年度における現金及び現金同等物は，前連結会計年度末に比べて，60億円減少し，910億円となりました。当連結会計年度における各キャッシュ・フローの状況は，次のとおりです。

　営業活動によるキャッシュ・フローは，持分法適用会社からの受取配当金等により5,499億円（前年同期3,076億円）となりました。

　投資活動によるキャッシュ・フローは，船舶を中心とする固定資産の取得等に

より△2,819億円（前年同期△1,074億円）となりました。

　財務活動によるキャッシュ・フローは，配当金の支払等により△2,817億円（前年同期△1,917億円）となりました。

（5）　財務戦略 ……………………………………………………………………

　2023年3月に策定した経営計画「BLUE ACTION 2035」において，海運不況時でも黒字を維持できる事業ポートフォリオへの変革に取り組み，着実に利益を積み上げる計画です。Phase 1と位置づけております2023〜2025年の3年間で約12,000億円の投資を計画しておりますが，成長投資を実行する過程においても，財務規律を維持する方針です。具体的には，ネットギアリングレシオは，0.9〜1.0にコントロールしていきます（有利子負債額はIFRS導入後に織り込むべき将来備船料などオフバランス資産（約9,000億円）を含んだものを想定。なお，本数値は当社が一定の想定の下に試算した概算値で，IFRSを正式に適用した場合の算出値とは相違する可能性があります）。

① 　資金調達の方針

　当社は事業活動を支える資金調達に際して，調達の安定性と低コストを重視しております。

　また，金利変動リスクや為替変動リスク等の市場リスクを把握し，過度に市場リスクに晒されないように金利固定化比率や借入通貨構成を金利スワップや通貨スワップ等の手法も利用しながら，リスクを許容範囲に収めるようにしております。

② 　資金調達の多様性

　当社は調達の安定性と低コスト調達を実現するために，調達方法の多様化や調達期間の分散を進めております。

　直接調達については，2022年度に新規の社債発行は行いませんでしたが，2023年3月末の国内普通社債発行残高は595億円，劣後特約付社債発行残高は500億円となっております。円滑な直接調達を進めるため，当社は国内社及び海外1社の格付機関から格付を取得しており，2023年3月末時点の発行体格付は格付投資情報センター（R & I）「Ａ－」，日本格付研究所（JCR）「A+」，ムーディー

ズ・インベスターズ・サービス（Moody's）「Ba3」となっております。また，短期債格付（CP格付）についてはR＆I/JCRより「a-1」／「J－1」を取得しております。

当社は1,000億円の社債発行登録や1,500億円のCP発行枠を設定しているほか，政府系や内外金融機関との幅広い取引関係をベースとする間接調達により，運転資金需要や設備資金需要にも迅速に対応できるものと考えております。

更に，安定的な経常運転資金枠の確保・緊急時の流動性補完を目的に国内金融機関から円建て及び米ドル建てのコミットメントラインを設定しており，資金の流動性確保に努めております。

当社の環境戦略を資金調達の面から支えるESGファイナンスについては，2022年10月に風力推進装置を搭載したばら積み船向けのトランジション・リンク・ローンを組成すると共に2022年12月と2023年3月に事業性資金調達を使途としたトランジション・リンク・ローンによるグローバル・コミットメントライン契約を2系列組成しました。

③ 資金需要

当社グループの運転資金需要のうち主なものは，各事業運営に関する海運業費用です。この中には燃料費・港費・貨物費等の運航費，船員費・船舶修繕費等の船費及び借船料などが含まれます。このほか物流事業の運営に関わる労務費等の役務原価，各事業についての人件費・情報処理費用・その他物件費等の一般管理費があります。また，設備資金需要としては，船舶への投資に加え，非海運事業の拡大方針に則った不動産・物流設備・フェリー等への投資があり，当連結会計年度中に2,721億円の設備投資を実施しました。

④ グループ資金の効率化

当社及び主要子会社間でキャッシュマネージメントサービス（CMS）を導入しており，グループ内の資金効率化を図ることにより，外部借入の削減に努めております。

（6）　重要な会計上の見積り及び当該見積りに用いた仮定 ·························

当社グループの連結財務諸表は，わが国において一般に公正妥当と認められて

いる会計基準に基づいて作成されております。その作成にあたっては，経営者による会計方針の選択・適用，資産・負債及び収益・費用の報告金額及び開示に影響を与える見積りを必要とします。経営者はこれらの見積りについて過去の実績等を勘案し合理的に判断しておりますが，見積り特有の不確実性があるため，実際の結果は，これらの見積りと異なる場合があります。

　詳細については，「第5　経理の状況　1　連結財務諸表等（1）連結財務諸表 注記事項（連結財務諸表作成のための基本となる重要な事項）並びに2　財務諸表等（1）財務諸表 注記事項（重要な会計方針）」に記載しておりますが，次の重要な会計方針が連結財務諸表作成における重要な見積りの判断に大きな影響を及ぼすと考えております。また，当連結会計年度の連結財務諸表に計上した金額が会計上の見積りによるもののうち，翌連結会計年度の連結財務諸表に重要な影響を及ぼすリスクがある項目は，第5　経理の状況　1　連結財務諸表等（1）連結財務諸表 注記事項（重要な会計上の見積り）に記載のとおりであります。

　・固定資産の減損

　当社グループは，資産又は資産グループが使用されている事業の経営環境及び営業活動から生ずる損益等から減損の兆候判定を行っており，減損の兆候が識別された場合，減損損失の認識の判定を行い，必要に応じて回収可能価額まで減損処理を行うこととしております。将来の市況悪化等により減損の兆候及び認識の判定の前提となる事業計画等が修正される場合，減損処理を行う可能性があります。

　・貸倒引当金

　当社グループは，売上債権及び貸付金等の貸倒損失に備えて回収不能となる見積額を貸倒引当金として計上しております。将来，債務者の財政状況の悪化等の事情によってその支払能力が低下した場合には，引当金の追加計上又は貸倒損失が発生する可能性があります。

（7）　経営方針・経営戦略，経営上の目標の達成状況を判断するための客観的な 指標等の達成・進捗状況 ··

　当期の業績は，前年度から続く好調な海運市況の恩恵を受け，経常利益8,115

億円，親会社株主に帰属する当期純利益7,960億円となり，2年連続で過去最高益を更新しました。また，主な財務指標は，ROE 49.8%，ギアリングレシオ0.60倍（ネットギアリングレシオ0.55倍）となり，経営計画「Rolling Plan 2022」で設定した2027年度の目標値を前年度に引き続き達成しました。

コンテナ船事業は，上半期は旺盛な輸送需要を背景に運賃市況が高水準で推移しました。下半期はサプライチェーンと船腹需給の正常化に伴い運賃市況は下落しましたが，通期では歴史的な好業績となった前期を上回る結果となりました。ドライバルク事業は，下半期から世界経済の減速や荷動きの減少により市況は下落しましたが，長期契約の安定的な履行やオープンハッチ船や多目的船事業の利益貢献もあり，前期比で増益となりました。エネルギー事業は，LNG船事業・海洋事業の安定利益に加え，原油船市況が下期以降回復し，石油製品船も市況は高水準で推移したため，前期比で増益となりました。自動車船事業では，柔軟な配船計画の見直しと輸送効率の改善により，前期比で増益となりました。フェリー・内航RORO船事業では，新型コロナウイルス感染症拡大による行動制限の緩和により旅客が回復し，前期から損益改善となりました。

2023年度は，歴史的高値圏を推移したコンテナ船の賃率が2022年度後半急速に弱含んだ水準から，荷動きの増加傾向に伴い一定程度回復することを見込んでいます。また世界経済の回復に応じて，完成車荷動きも段階的な回復を想定すると共に，ドライバルク船・原油船の荷動き・市況は世界経済の回復に応じていずれも堅調に推移することを見込んでいます。ロシア・ウクライナ情勢等の地政学的緊張や世界的なインフレ・金融不安等，当社グループを取り巻く事業環境の不確実性は引き続き高いですが，「BLUE ACTION 2035」に基づき，グローバルな社会インフラ事業への飛躍に向けて邁進します。

経営計画の主な内容は「第2 事業の状況 1 経営方針，経営環境及び対処すべき課題等」をご参照ください。

なお，「BLUE ACTION 2035」で掲げる Core KPI・利益計画・投資計画・財務計画は以下の通りです。

＜Core KPI＞

昨年度の経営計画「Rolling Plan 2022」とサステナビリティ課題への取組であ

る「MOL Sustainability Plan（MSP）」を融合させた経営計画「BLUE ACTION 2035」では，その目標の達成状況を判断するための指標（Core KPI）として，3つの財務KPI・4つの非財務KPIを設定しています。

	目標	2022年度実績	Phase 1 2025年度	Phase 2 2030年度	Phase 3 2035年度
財務KPI	税引前当期純利益	8,191億円	2,400億円	3,400億円	4,000億円
	ネットギアリングレシオ[*1]	1.01	0.9～1.0		
	ROE	49.8%	9～10%		
非財務KPI	環境 GHG排出原単位削減率[*2]（2019年比）	▲3.6%（2021年度実績）	ー	ー	▲45%
	安全 4 Zero[*3]	未達（労災死亡事故1件）	達成		
	人財 女性管理職比率（単体・陸上職）	9.2%	15%	[Phase 1終了までに改めて設定]	
	MGKP[*4]在任者構成率（女性/本社出身者外/40代以下）	4.7%/18.3%/9.5%	8%/30%/15%		
	DX 価値創造業務・安全業務への転換率（累計）		10%	20%	30%

*1 有利子負債額はIFRS導入後に繰り込むべき将来備船料などオフバランス資産（約9,000億円）を含んだものを想定。
　なお，本数値は当社が一定の想定の下に試算した概算値で，IFRSを正式に適用した場合の算出値とは相違する可能性があります。
*2 2022年度実績は2023年度第1四半期決算説明資料にて更新予定。
*3 4 Zero＝重大海難事故・油濁による海洋汚染・労災死亡事故・重大貨物事故のゼロ。
*4 MOL Group Key Positions。本社部長級として，グループ・グローバル問わず指定されたポスト。

＜利益計画＞

2017年度にローリング型経営計画を導入した際，2027年度の利益目標として経常利益2,000億円を設定していましたが，2021年度に前倒しで達成し，また財務体質が顕著に改善したことから，「BLUE ACTION 2035」では2035年度4,000億円という高い利益目標を設定しました。なお，国際会計基準（IFRS）の適用を想定し，利益目標の数値は税引前当期純利益（＊）としています。（＊）日本会計基準を前提に算出しており，国際会計基準（IFRS）を適用した場合の算出値とは相違する可能性があります。

(単位：億円)	2022年度[*5] 実績	2025年度[*5]	2030年度[*5]	2035年度[*5]
ドライバルク事業	576	250	290	310
エネルギー事業	395	700	840	960
製品輸送事業	7,054	1,240	1,950	2,250
（うち、コンテナ船事業）	(6,201)	(670)	(1,400)	(1,600)
ウェルビーイングライフ事業	81[*6]	190	290	450
関連事業・その他	8	20	30	30
合計 (A)	8,115	2,400	3,400	4,000
見込みアセット量 (B)	46,000	54,000	64,000	75,000
ROA (A) / (B)	17.6%	4.4%	5.3%	5.3%

[*5] 2022年度は経常損益を、2025年度以降は税引前当期純利益を記載しております。
[*6] 2022年度のウェルビーイングライフ事業については、不動産事業損益のみを記載しております。

＜投資計画＞

　グループビジョンの実現に向けて、「Rolling Plan 2022」で進めてきた積極投資をさらに強化していきます。投資規模（＊）は、2023～2035年度の13年間で総額3.8兆円を想定しています。

　Phase 1（2023～2025年度）では総額1.2兆円の投資（＊）を見込みます。このうち6,500億円を代替燃料船隊の整備や低・脱炭素エネルギー事業の拡大といった環境投資に充てるほか、「BLUE ACTION 2035」で示すリバランス計画の実行に向けて安定収益型事業への投資を重点的に進めます。（＊）いずれも対象期間中に発生する投資キャッシュアウト額を示す。

営業本部別の投資額目安 （キャッシュアウトベース。M&A、地域組織主導による案件も含む。）

(単位：億円)	市況享受型	安定収益型	合計	（うち環境投資）
ドライバルク事業	700	400	1,100	(880)
エネルギー事業	1,100	4,200	5,300	(4,400)
製品輸送事業	1,200	1,600	2,800	(1,000)
ウェルビーイングライフ事業	－	2,750	2,750	(220)
その他	－	50	50	－
合計	3,000	9,000	12,000	(6,500)

※持分法適用会社による再投資は含まない。
※既決の投資予定（約5,400億円）を含む。

＜財務計画＞

　上記で示す1.2兆円の投資計画を実行するため，毎年2,500億円以上の営業CFを安定的に創出することに加えて，資産の入れ替えによるキャッシュ化を今後も継続します。また，現在オフバランスになっている負債も有利子負債に含めたネットギアリングレシオを0.9～1.0倍の範囲でコントロールしながら，外部資金を活用します。

　またPhase 1における株主還元においては，配当性向30％及び下限配当150円／株とする方針ですが，想定を上回る利益を得られた場合には自社株買いを含めた追加株主還元策を検討し，ROE 9～10％を意識した資本コントロールを実施します。

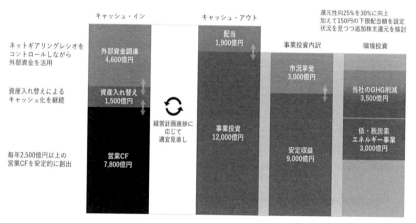

　なお，文中における将来に関する事項は，当連結会計年度末時点において当社グループが判断したものです。

設備の状況

1　設備投資等の概要

　当社グループでは，当連結会計年度で総額272,092百万円の設備投資を実施しました。内訳は以下のとおりです。

セグメントの名称		当連結会計年度 （百万円）
ドライバルク事業		20,003
エネルギー事業		118,886
製品輸送事業		33,245
	うち，コンテナ船事業	5,191
不動産事業		59,794
関連事業		34,153
その他		3,233
調整額		2,774
合計		272,092

　エネルギー事業においては，118,886百万円の投資を行いましたが，その主たるものは，船舶であります。当連結会計年度においては，設備投資等により6隻，482千重量トンが増加しました。

　製品輸送事業においては，33,245百万円の投資を行いましたが，その主たるものは，船舶であります。当連結会計年度においては，設備投資により5隻，166千重量トンが増加しました。

　不動産事業においては，59,794百万円の投資を行いましたが，その主たるものは，土地であります。

　なお，ドライバルク事業，エネルギー事業及び製品輸送事業において，船隊の若返りと競争力を高めるため，7隻の老朽船・不経済船の売却を行いました。

船舶の売却

会社名	セグメントの名称	隻数	載貨重量トン数 （千重量トン）	帳簿価額 （百万円）
SERRURIA SHIPPING INC.	ドライバルク事業	1	206	1,180
MOL CHEMICAL TANKERS PTE. LTD. 他	エネルギー事業	5	475	18,802
（株）フェリーさんふらわあ	製品輸送事業	1	3	0
	うち、コンテナ船事業	—	—	

2 主要な設備の状況

当社グループにおける主要な設備は，次のとおりであります。

(1) 船舶 ‥‥‥‥‥‥‥‥‥‥‥‥‥‥‥‥‥‥‥‥‥‥‥‥‥‥‥‥‥‥‥‥‥

2023年3月31日現在

セグメントの名称	区分	隻数	載貨重量トン数 （千重量トン）	帳簿価額 （百万円）
ドライバルク事業	保有船	42	4,812	102,359
	傭船	234	20,745	—
エネルギー事業	保有船	101	10,776	406,058
	傭船	159	8,234	—
	運航受託船	5	305	
製品輸送事業	保有船	79	2,382	152,332
	傭船	73	3,393	—
うち、コンテナ船事業	保有船	18	1,435	37,101
	傭船	22	2,590	—
関連事業	保有船	2	8	35,341
その他	傭船	2	12	

（注）載貨重量トン数には，共有船他社持分を含んでおります。

(point) 財務諸表

この項目では，連結ではなく単体の貸借対照表と，損益計算書の内訳を確認すること
ができる。連結＝単体＋子会社なので，会社によっては単体の業績を調べて連結全体
の業績予想のヒントにする場合があるが，あまりその必要性がある企業は多くない。

(2) その他の資産 ··

① 提出会社

事業所名 (所在地)	セグメントの名称	設備の内容	帳簿価額（百万円）			
			建物及び 構築物	土地 (面積㎡)	その他	合計
大井物流センター他 (東京都品川区他)	製品輸送事業	コンテナ関連施設・ 倉庫等	1,231	9,470 (263,006)	－	10,701
神戸支店事務所他 (神戸市海岸通他)	関連事業	賃貸不動産	467	545 (12,577)	－	1,012
技術研究所他 (川崎市麻生区他)	その他	事務所等	564	361 (1,825)	0	926
鶴見寮他 (横浜市鶴見区他)	共通（全社）（注）	社宅・社員寮・ 厚生施設等	4,648	5,102 (68,063)	17	9,768

(注) 各報告セグメントに配分していないため，「共通（全社）」としております。

② 国内子会社

会社名	事業所名 (所在地)	セグメントの名称	帳簿価額（百万円）			
			建物及び 構築物	土地 (面積㎡)	その他	合計
㈱宇徳	東扇島冷蔵倉庫 (川崎市川崎区)	製品輸送事業	1,417	1,312 (10,000)	77	2,807
商船三井フェリー㈱	苫小牧物流基地 (北海道苫小牧市)	製品輸送事業	4	476 (31,451)	－	480
ダイビル㈱	商船三井ビルディング (東京都港区)	不動産事業	2,920	16,028 (4,652)	22	18,971
	秋葉原ダイビル (東京都千代田区)		6,614	9,598 (4,182)	76	16,289
	日比谷ダイビル (東京都千代田区)		3,556	27,066 (3,489)	47	30,669
	中之島ダイビル (大阪市北区)		12,376	9,605 (10,098)	37	32,684
	ダイビル本館 (大阪市北区)		10,350		316	
	新ダイビル (大阪市北区)		17,140	15,831 (8,427)	204	33,176
	梅田ダイビル (大阪市北区)		7,228	5,230 (4,528)	27	12,485
	青山ライズスクエア (東京都港区)		3,964	33,061 (2,985)	48	37,075
	大手門タワー・ENEOSビル (東京都千代田区)		7,186	34,824 (1,006)	－	42,011

(注) 1. ダイビル（株）の中之島ダイビル及びダイビル本館の土地は，中之島三丁目共同開発区域内における同社の所有地について記載しております。
2. ダイビル（株）の青山ライズスクエアは，不動産信託受益権であり，信託財産を自ら所有するものとして記載しております。
3. ダイビル（株）の大手門タワー・ENEOSビルは，不動産信託受益権であり，信託財産を自ら所有

するものとして記載しております。

③ 在外子会社

会社名	事業所名 (所在地)	セグメントの名称	帳簿価額(百万円)			
			建物及び 構築物	土地 (面積㎡)	その他	合計
Daibiru Australia Pty Ltd.	275 George Street	不動産事業	6,271	12,424 (634)	211	18,907

(3) 上記の他に主要な賃借及びリース設備 ·································

① 提出会社

事業所名 (所在地)	セグメントの名称	設備の内容	年間賃借料 又はリース料 (百万円)
本社 (東京都港区)	製品輸送事業	コンテナ(貸手) 59,166個	5,584
		コンテナ(借手) 45,030個	6,056

② 国内子会社

該当はありません。

③ 在外子会社

会社名	所在地	セグメントの名称	設備の内容	年間賃借料 又はリース料 (百万円)
TRAPAC, LLC.	Wilmington, California,U.S.A.	製品輸送事業	港湾施設及び荷役機器他	9,390

3 設備の新設，除却等の計画

　当社グループの設備投資に関しましては，今後の船腹需給予測等を勘案の上，決定しております。

　一方，除売却に関しましては，案件毎に都度個別審議の上，決定しております。

　当連結会計年度末における重要な設備の新設・取得・除売却の計画は次のとお

りであります。

（1） 新設・取得 ··

セグメントの名称	設備の内容	投資予定金額		着手及び完了予定		完成後の増加能力
		総額 （百万円）	既支払額 （百万円）	着手（起工）	完了（竣工）	
ドライバルク事業	船舶	54,988	7,411	2024年6月～ 2025年3月	2025年6月～ 2026年1月	1,459千重量トン
エネルギー事業	船舶	544,791	103,439	2020年4月～ 2026年5月	2023年5月～ 2027年1月	3,195千重量トン
製品輸送事業	船舶	137,630	16,875	2022年10月～ 2024年11月	2024年3月～ 2026年2月	331千重量トン

（注）上記設備投資資金は，主として自己資金，借入金及び社債により調達する予定です。

（2） 売却 ··

セグメントの名称	設備の内容	期末帳簿価額 （百万円）	売却予定時期	売却による減少能力
エネルギー事業	船舶	1,469	2023年度中	331千重量トン

（3） 除却 ··

当連結会計年度末現在では，確定している重要な設備の除却はありません。

提出会社の状況

1 株式等の状況

(1) 株式の総数等 ·······················

① 株式の総数

種類	発行可能株式総数（株）
普通株式	946,200,000
計	946,200,000

② 発行済株式

種類	事業年度末現在発行数(株) （2023年3月31日）	提出日現在発行数（株） （2023年6月20日）	上場金融商品取引所名又は登録認可金融商品取引業協会名	内容
普通株式	362,010,900	362,012,634	東京証券取引所 プライム市場	単元株式数は 100株であります。
計	362,010,900	362,012,634	－	－

（注）1. 2023年3月31日開催の取締役会決議により、2023年4月20日を払込期日とする譲渡制限付株式報酬としての新株式発行を行いました。これにより株式数は1,734株増加し、発行済株式総数は362,012,634株となっております。

2.「提出日現在発行数」欄には、2023年6月1日からこの有価証券報告書提出日までの新株予約権の行使により発行された株式数は含まれておりません。

■ 経理の状況

1. 連結財務諸表及び財務諸表の作成方法について ································

(1)　当社の連結財務諸表は、「連結財務諸表の用語、様式及び作成方法に関す
る規則」（昭和51年大蔵省令第28号）及び「海運企業財務諸表準則」（昭和
29年運輸省告示第431号）に基づいて作成しております。

(2)　当社の財務諸表は、「財務諸表等の用語、様式及び作成方法に関する規則」
（昭和38年大蔵省令第59号）及び「海運企業財務諸表準則」（昭和29年運輸
省告示第431号）に基づいて作成しております。

2. 監査証明について ···

当社は，金融商品取引法第193条の2第1項の規定に基づき，連結会計年
度（2022年4月1日から2023年3月31日まで）の連結財務諸表及び事業年度
（2022年4月1日から2023年3月31日まで）の財務諸表について有限責任　あ
ずさ監査法人による監査を受けております。

3. 連結財務諸表等の適正性を確保するための特段の取組みについて ···········

当社は、連結財務諸表等の適正性を確保するための特段の取組みを行ってお
ります。具体的には、会計基準等の内容を適切に把握し、会計基準等の変更につ
いて的確に対応することができる体制を整備するため、公益財団法人財務会計基準
機構へ加入し、同機構の開催するセミナーに参加しております。

（1）　連結財務諸表 ···

①　連結損益計算書及び連結包括利益計算書

連結損益計算書

（単位：百万円）

	前連結会計年度 （自　2021年4月1日 至　2022年3月31日）	当連結会計年度 （自　2022年4月1日 至　2023年3月31日）
売上高	※1 1,269,310	※1 1,611,984
売上原価	※2 1,117,405	※2 1,376,504
売上総利益	151,905	235,479
販売費及び一般管理費	※3,※4 96,899	※3,※4 126,770
営業利益	55,005	108,709
営業外収益		
受取利息	6,940	14,473
受取配当金	8,239	7,824
持分法による投資利益	657,375	668,435
為替差益	7,080	23,700
その他営業外収益	3,581	11,990
営業外収益合計	683,217	726,423
営業外費用		
支払利息	11,392	17,268
貸倒引当金繰入額	1,080	3,019
その他営業外費用	3,971	3,255
営業外費用合計	16,443	23,543
経常利益	721,779	811,589
特別利益		
固定資産売却益	※5 13,414	※5 9,884
投資有価証券売却益	4,855	13,968
その他特別利益	5,521	2,162
特別利益合計	23,791	26,014
特別損失		
固定資産売却損	※6 649	※6 225
投資有価証券評価損	2,308	—
固定資産売却損引当金繰入額	1,431	—
減損損失	125	※7 4,008
事業再編関連損失	2,299	—
和解金	—	※8 5,300
その他特別損失	5,763	8,909
特別損失合計	12,577	18,444
税金等調整前当期純利益	732,993	819,160
法人税、住民税及び事業税	12,846	14,729
法人税等調整額	5,993	6,187
法人税等合計	18,839	20,917
当期純利益	714,154	798,242
非支配株主に帰属する当期純利益	5,335	2,182
親会社株主に帰属する当期純利益	708,819	796,060

連結包括利益計算書

	前連結会計年度 （自　2021年4月1日 至　2022年3月31日）	当連結会計年度 （自　2022年4月1日 至　2023年3月31日）
当期純利益	714,154	798,242
その他の包括利益		
その他有価証券評価差額金	4,626	△1,548
繰延ヘッジ損益	9,102	7,487
為替換算調整勘定	16,924	36,025
退職給付に係る調整額	△845	329
持分法適用会社に対する持分相当額	32,989	151,908
その他の包括利益合計	※ 62,797	※ 194,202
包括利益	776,951	992,444
（内訳）		
親会社株主に係る包括利益	767,958	987,697
非支配株主に係る包括利益	8,993	4,747

② 連結株主資本等変動計算書

前連結会計年度（自　2021年4月1日　至　2022年3月31日）

（単位：百万円）

	株主資本				
	資本金	資本剰余金	利益剰余金	自己株式	株主資本合計
当期首残高	65,400	45,351	435,589	△6,515	539,825
会計方針の変更による累積的影響額			349		349
会計方針の変更を反映した当期首残高	65,400	45,351	435,939	△6,515	540,175
当期変動額					
新株予約権の行使				657	657
剰余金の配当			△52,137		△52,137
親会社株主に帰属する当期純利益			708,819		708,819
連結範囲の変動			△3		△3
自己株式の取得				△97	△97
自己株式の処分			△1,366	3,687	2,321
連結子会社株式の取得による持分の増減		△22,260			△22,260
株主資本以外の項目の当期変動額（純額）					－
当期変動額合計	－	△22,260	655,311	4,247	637,298
当期末残高	65,400	23,090	1,091,250	△2,267	1,177,474

	その他の包括利益累計額					新株予約権	非支配株主持分	純資産合計
	その他有価証券評価差額金	繰延ヘッジ損益	為替換算調整勘定	退職給付に係る調整累計額	その他の包括利益累計額合計			
当期首残高	29,917	5,150	△4,653	7,541	37,956	1,347	120,020	699,150
会計方針の変更による累積的影響額								349
会計方針の変更を反映した当期首残高	29,917	5,150	△4,653	7,541	37,956	1,347	120,020	699,500
当期変動額								
新株予約権の行使						△657		－
剰余金の配当								△52,137
親会社株主に帰属する当期純利益								708,819
連結範囲の変動								△3
自己株式の取得								△97
自己株式の処分								2,321
連結子会社株式の取得による持分の増減								△22,260
株主資本以外の項目の当期変動額（純額）	4,092	22,011	33,885	△850	59,139	91	△60,505	△1,274
当期変動額合計	4,092	22,011	33,885	△850	59,139	△566	△60,505	635,366
当期末残高	34,010	27,161	29,232	6,691	97,095	781	59,514	1,334,866

当連結会計年度（自　2022年4月1日　至　2023年3月31日）

（単位：百万円）

	株主資本				
	資本金	資本剰余金	利益剰余金	自己株式	株主資本合計
当期首残高	65,400	23,090	1,091,250	△2,267	1,177,474
当期変動額					
新株の発行	189	189			378
新株予約権の行使				225	225
剰余金の配当			△216,639		△216,639
親会社株主に帰属する当期純利益			796,060		796,060
連結範囲の変動又は持分法の適用範囲の変動			△341		△341
自己株式の取得				△56	△56
自己株式の処分			△686	1,540	853
連結子会社株式の取得による持分の増減		△121,340			△121,340
利益剰余金から資本剰余金への振替		98,060	△98,060		－
株主資本以外の項目の当期変動額（純額）					
当期変動額合計	189	△23,090	480,331	1,709	459,140
当期末残高	65,589	－	1,571,582	△558	1,636,614

	その他の包括利益累計額					新株予約権	非支配株主持分	純資産合計
	その他有価証券評価差額金	繰延ヘッジ損益	為替換算調整勘定	退職給付に係る調整累計額	その他の包括利益累計額合計			
当期首残高	34,010	27,161	29,232	6,691	97,095	781	59,514	1,334,866
当期変動額								
新株の発行								378
新株予約権の行使						△225		－
剰余金の配当								△216,639
親会社株主に帰属する当期純利益								796,060
連結範囲の変動又は持分法の適用範囲の変動								△341
自己株式の取得								△56
自己株式の処分								853
連結子会社株式の取得による持分の増減								△121,340
利益剰余金から資本剰余金への振替								－
株主資本以外の項目の当期変動額（純額）	△1,537	50,429	142,415	329	191,636	△5	△47,790	143,839
当期変動額合計	△1,537	50,429	142,415	329	191,636	△231	△47,790	602,754
当期末残高	32,472	77,590	171,647	7,021	288,732	550	11,724	1,937,621

③ 連結貸借対照表

（単位：百万円）

	前連結会計年度 （2022年3月31日）	当連結会計年度 （2023年3月31日）
資産の部		
流動資産		
現金及び預金	99,878	93,961
受取手形及び営業未収金	※1 109,891	※1 124,134
契約資産	15,601	8,329
有価証券	1,000	500
棚卸資産	※2 46,085	※2 50,787
繰延及び前払費用	21,545	26,820
その他流動資産	58,748	135,669
貸倒引当金	△1,298	△1,662
流動資産合計	351,452	438,541
固定資産		
有形固定資産		
船舶（純額）	※3,※5 632,105	※3,※5 708,682
建物及び構築物（純額）	※3 127,954	※3 132,943
機械装置及び運搬具（純額）	※3 25,290	※3 25,227
器具及び備品（純額）	※3 5,529	※3 5,585
土地	254,594	299,710
建設仮勘定	59,988	162,234
その他有形固定資産（純額）	※3,※5 5,688	※3,※5 7,856
有形固定資産合計	1,111,152	1,342,240
無形固定資産	36,624	36,739
投資その他の資産		
投資有価証券	※4,※5 978,848	※4,※5 1,430,873
長期貸付金	110,104	116,893
長期前払費用	8,562	8,550
退職給付に係る資産	18,957	20,987
繰延税金資産	1,217	2,058
その他長期資産	※4 93,343	※4 191,173
貸倒引当金	△23,562	△23,811
投資その他の資産合計	1,187,472	1,746,726
固定資産合計	2,335,249	3,125,705
資産合計	2,686,701	3,564,247

	前連結会計年度 （2022年3月31日）	当連結会計年度 （2023年3月31日）
負債の部		
流動負債		
支払手形及び営業未払金	96,034	99,872
短期社債	23,700	30,000
短期借入金	※5 192,170	※5 339,354
コマーシャル・ペーパー	8,000	80,000
未払法人税等	8,624	6,979
前受金	2,188	2,493
契約負債	23,125	31,006
賞与引当金	9,433	11,660
役員賞与引当金	660	829
株式報酬引当金	184	113
契約損失引当金	11,036	4,700
固定資産売却損失引当金	1,431	－
その他流動負債	37,414	62,165
流動負債合計	414,002	669,176
固定負債		
社債	189,500	159,500
長期借入金	※5 575,101	※5 524,801
リース債務	10,803	17,509
繰延税金負債	74,516	84,870
退職給付に係る負債	9,355	9,188
株式報酬引当金	354	605
役員退職慰労引当金	1,485	750
特別修繕引当金	15,836	19,078
債務保証損失引当金	－	1,535
契約損失引当金	11,057	7,057
その他固定負債	49,822	132,552
固定負債合計	937,832	957,449
負債合計	1,351,835	1,626,626
純資産の部		
株主資本		
資本金	65,400	65,589
資本剰余金	23,090	－
利益剰余金	1,091,250	1,571,582
自己株式	△2,267	△558
株主資本合計	1,177,474	1,636,614
その他の包括利益累計額		
その他有価証券評価差額金	34,010	32,472
繰延ヘッジ損益	27,161	77,590
為替換算調整勘定	29,232	171,647
退職給付に係る調整累計額	6,691	7,021
その他の包括利益累計額合計	97,095	288,732
新株予約権	781	550
非支配株主持分	59,514	11,724
純資産合計	1,334,866	1,937,621
負債純資産合計	2,686,701	3,564,247

④ 連結キャッシュ・フロー計算書

（単位：百万円）

	前連結会計年度 （自　2021年4月1日 至　2022年3月31日）	当連結会計年度 （自　2022年4月1日 至　2023年3月31日）
営業活動によるキャッシュ・フロー		
税金等調整前当期純利益	732,993	819,160
減価償却費	86,399	94,660
固定資産売却損失引当金繰入額	1,431	—
減損損失	125	4,008
事業再編関連損失	2,299	—
和解金	—	5,300
持分法による投資損益（△は益）	△657,375	△668,435
引当金の増減額（△は減少）	△9,792	△5,729
受取利息及び受取配当金	△15,180	△22,297
支払利息	11,392	17,268
投資有価証券売却損益（△は益）	△4,855	△13,476
投資有価証券評価損益（△は益）	2,308	—
固定資産除売却損益（△は益）	△12,412	△9,008
為替差損益（△は益）	△8,369	△16,720
売上債権の増減額（△は増加）	△20,353	△7,774
契約資産の増減額（△は増加）	△15,601	7,612
棚卸資産の増減額（△は増加）	△16,095	△3,896
仕入債務の増減額（△は減少）	21,033	318
その他	△14,449	△7,134
小計	83,495	193,855
利息及び配当金の受取額	242,193	393,108
利息の支払額	△11,560	△17,608
法人税等の支払額	△6,490	△19,430
営業活動によるキャッシュ・フロー	307,637	549,925
投資活動によるキャッシュ・フロー		
投資有価証券の取得による支出	△75,939	△28,568
投資有価証券の売却及び償還による収入	23,213	19,961
固定資産の取得による支出	△112,337	△266,531
固定資産の売却による収入	52,089	36,050
長期貸付けによる支出	△19,350	△27,433
長期貸付金の回収による収入	22,295	8,526
その他	2,578	△24,001
投資活動によるキャッシュ・フロー	△107,450	△281,995

	前連結会計年度 （自　2021年4月1日 至　2022年3月31日）	当連結会計年度 （自　2022年4月1日 至　2023年3月31日）
財務活動によるキャッシュ・フロー		
短期借入金の純増減額（△は減少）	45,265	129,297
コマーシャル・ペーパーの純増減額（△は減少）	△32,000	72,000
長期借入れによる収入	165,205	76,397
長期借入金の返済による支出	△254,696	△151,985
社債の発行による収入	50,000	―
社債の償還による支出	△17,800	△23,700
連結の範囲の変更を伴わない子会社株式の取得による支出	△84,725	△166,094
配当金の支払額	△51,996	△216,094
非支配株主への配当金の支払額	△3,613	△2,465
その他	△7,422	936
財務活動によるキャッシュ・フロー	△191,784	△281,709
現金及び現金同等物に係る換算差額	5,295	7,655
現金及び現金同等物の増減額（△は減少）	13,698	△6,124
現金及び現金同等物の期首残高	83,436	97,135
連結の範囲の変更に伴う現金及び現金同等物の増減額（△は減少）	―	37
現金及び現金同等物の期末残高	※97,135	※91,047

【注記事項】

（連結財務諸表作成のための基本となる重要な事項）

1．連結の範囲に関する事項 ･･･

（1）　連結の範囲に関する事項

　　連結子会社の数：385社（うち支配力基準を適用した会社数3社）

　　主要な連結子会社名は，「第1　企業の概況　4．関係会社の状況」に記載しているため，省略しております。

　　当連結会計年度から，新規設立及び重要性の観点等より30社を新たに連結の範囲に含め，清算結了等により20社を連結の範囲から除外し，株式取得により2社を持分法適用関連会社から連結子会社へ変更しております。

（2）　主要な非連結子会社の名称等

　　主要な非連結子会社の社名はアジアカーゴサービス（株）であります。

（連結の範囲から除いた理由）

　　非連結子会社の総資産，売上高，当期純損益（持分に見合う額）及び利益剰余金（持分に見合う額）等は，いずれも小規模であり全体としても連結財務諸表に重要な影響を及ぼしませんので連結の範囲から除いております。

2. 持分法の適用に関する事項 ·······················

（1） 持分法適用会社の数

　　非連結子会社：　　　　　2社

　　関連会社：　　　　　　122社

　　　主要な持分法適用関連会社名は，「第1　企業の概況　4．関係会社の状況」に記載しているため，省略しております。

　　　当連結会計年度から，重要性の観点より1社を持分法適用の範囲に含め，清算結了等により2社を持分法適用の範囲から除外し，株式取得により2社を持分法適用関連会社から連結子会社へ変更しております。

（2） 持分法を適用していない非連結子会社（アジアカーゴサービス（株）他）及び関連会社（（株）空見コンテナセンター他）は，当期純損益（持分に見合う額）及び利益剰余金（持分に見合う額）等からみて，持分法の対象から除いても連結財務諸表に及ぼす影響が軽微であり，かつ，全体としても重要性がないため，持分法の適用範囲から除外しております。

3. 連結子会社の事業年度等に関する事項 ·······················

　　在外連結子会社324社は12月31日を決算日としております。従い，連結決算日である3月31日と差異がありますが，連結財務諸表作成のための決算は行っておりません。ただし，連結決算日との間に生じた重要な取引については調整を行っております。

4. 会計方針に関する事項 ·······················

（1） 重要な資産の評価基準及び評価方法 ·······················

　イ　有価証券

　　（イ）　売買目的有価証券

　　　時価法（売却原価は主として移動平均法により算定）

　　（ロ）　満期保有目的の債券

　　　償却原価法

　　（ハ）　その他有価証券

市場価格のない株式等以外のもの

　　　　時価法

　　　　（評価差額は全部純資産直入法により処理し、売却原価は主として移動
　　　　平均法により算定）

　　　市場価格のない株式等

　　　　主として移動平均法による原価法

　　　投資事業有限責任組合への出資（金融商品取引法第2条第2項により有価
　　　証券とみなされるもの）

　　　　組合契約に規定される決算報告日に応じて入手可能な最近の決算書を基
　　　礎として，持分相当額を純額で取り込む方式によっております。

　ロ　デリバティブ

　　時価法

　ハ　棚卸資産

　　主として移動平均法による原価法

　　（貸借対照表価額は収益性の低下に基づく簿価切下げの方法により算定）

(2)　重要な減価償却資産の減価償却の方法 ……………………………………

　イ　有形固定資産(リース資産を除く)

　（イ）　船舶

　　　主として定額法。一部の船舶について定率法。

　（ロ）　建物

　　　主として定額法。

　（ハ）　その他有形固定資産

　　　主として定率法。

　ロ　無形固定資産(リース資産を除く)

　　定額法。なお、自社利用のソフトウェアについては社内における利用可能
　　期間（5年）に基づいております。

　ハ　リース資産

　　所有権移転ファイナンス・リース取引に係るリース資産

自己所有の固定資産に適用する減価償却方法と同一の方法を採用しております。

　　所有権移転外ファイナンス・リース取引に係るリース資産

　　　リース期間を耐用年数とし、残存価額を零とする定額法を採用しております。

（3）　繰延資産の処理方法 ···

　イ　社債発行費

　　　支出時に全額費用として処理しております。

　ロ　株式交付費

　　　支出時に全額費用として処理しております。

（4）　重要な引当金の計上基準 ···

　イ　貸倒引当金

　　　売上債権、貸付金等の貸倒損失に備えるため、一般債権については貸倒実績率による計算額を、貸倒懸念債権等特定の債権については個別に回収可能性を検討し回収不能見込額を計上しております。

　ロ　賞与引当金

　　　従業員に対して支給する賞与の支出に充てるため、将来の支給見込額のうち当連結会計年度の負担額を計上しております。

　ハ　役員賞与引当金

　　　当社及び一部の国内連結子会社は役員賞与の支出に備えて、役員賞与支給見込額を計上しております。

　ニ　株式報酬引当金

　　　当社は取締役及び執行役員を対象とした業績連動型株式報酬制度による当社株式等の交付に備えるため、当連結会計年度末における株式等の交付見込額に基づき計上しております。

　ホ　債務保証損失引当金

　　　債務保証に係る損失に備えるため，被保証先の財政状態等を勘案し，損失

負担見込額を計上しております。

　ヘ　契約損失引当金

　　契約に関する意思決定等に伴い、将来の損失発生の可能性が高い契約について、損失見込額を計上しております。

　ト　事業再編関連損失引当金

　　事業の再編等に伴う損失に備えるため、損失見込額を算定し計上しております。

　チ　固定資産売却損失引当金

　　固定資産の売却意思決定に伴う将来損失の発生に備えるため、売却対価見込額と帳簿価額の差額を損失見込額として引当計上しております。なお、当該引当金は、連結会社間の取引から生じる売却損失について回収不能と認められる金額を損失見込額として計上しており、当該引当金に対する繰入額は減損損失には該当しないものであります。

　リ　役員退職慰労引当金

　　一部の国内連結子会社は、役員の退職慰労金支出に備えるため、内規に基づく当連結会計年度末要支給額を計上しております。

　ヌ　特別修繕引当金

　　船舶の修繕に要する費用の支出に備えるため、修繕見積額基準により計上しております。

(5)　退職給付に係る会計処理の方法 ……………………………………………

①　退職給付見込額の期間帰属方法

　退職給付債務の算定にあたり、退職給付見込額を当連結会計年度末までの期間に帰属させる方法については、期間定額基準によっております。

②　数理計算上の差異及び過去勤務費用の費用処理方法

　過去勤務費用については、主としてその発生時に一括費用処理しております。

　数理計算上の差異については、各連結会計年度の発生時における従業員の平均残存勤務期間以内の一定の年数（主として10年）による定額法により按分した額をそれぞれ発生の翌連結会計年度から費用処理しております。

（6）　重要な収益及び費用の計上基準 ·······································

　当社グループは，主に船舶による海上貨物輸送及び貸船等のサービス並びにこれらに付帯するサービスを提供しております。

　海上貨物輸送においては，顧客の貨物を輸送する行為である各航海を契約及び履行義務としております。航海期間にわたり航海日数の経過に伴い当該履行義務が充足されるものであることから，各航海の見積り総日数（運送サービスの履行に伴う空船廻航期間を含み，運送サービスの履行を目的としない船舶の移動又は待機期間を除く）に対する期末日までの経過日数の割合を進捗度とし，当該進捗度に基づき収益を認識しております。取引の対価の金額には，燃料費調整係数，滞船料及び早出料等の変動対価が含まれておりますが，変動対価の額に関する不確実性が事後的に解消される際に，解消される時点までに計上された収益の著しい減額が発生しない可能性が高いため，当該変動対価を取引価格に含めております。

　貸船においては，船長や船員の配乗等を通じて輸送能力を備えさせた船舶による輸送サービスの提供を履行義務としておりますが，契約期間にわたり輸送サービスの提供に伴い充足されることから，「収益認識に関する会計基準の適用指針」第19項に基づき提供したサービスに対して顧客に請求する権利を有している金額で収益を認識しております。

　海上貨物輸送及び貸船に関する取引の対価は，履行義務の充足後に速やかに受領するものもありますが，主として契約に基づいた金額を前受けしております。なお，取引の対価に重要な金融要素は含まれておりません。

　自動車船・港湾・ロジスティクス・フェリー・内航RORO船事業に帰属する一部の連結子会社においては，航空・海上フォワーディング，陸上輸送等のサービスを提供しており，主に輸送期間にわたり収益を認識しております。

（7）　重要なヘッジ会計の方法 ·······································

　イ　ヘッジ会計の方法

　　　主として繰延ヘッジ処理を採用しております。なお、特例処理の要件を満たしている金利スワップに関しては、特例処理を採用しております。

ロ　主なヘッジ手段とヘッジ対象

ヘッジ手段	ヘッジ対象
外貨建借入金	外貨建予定取引
為替予約	外貨建予定取引
通貨オプション	外貨建予定取引
通貨スワップ	貸船料及び外貨建借入金
金利スワップ	借入金利息及び社債利息
金利キャップ	借入金利息
燃料油スワップ	船舶燃料
運賃先物	運賃

ハ　ヘッジ方針

　　主として当社の内部規程である「市場リスク管理規程」及び「市場リスク管理要領」に基づき，個別案件ごとにヘッジ対象を明確にし，当該ヘッジ対象の為替変動リスク，金利変動リスク又は価格変動リスクをヘッジすることを目的として実施することとしております。

ニ　ヘッジ有効性評価の方法

　　主としてヘッジ開始時から有効性判定時点までの期間における，ヘッジ対象の相場変動又はキャッシュ・フロー変動の累計とヘッジ手段の相場変動又はキャッシュ・フロー変動の累計を比較し，両者の変動額等を基礎として有効性を判定しております。ただし，特例処理の要件を満たしている金利スワップについては，ヘッジ有効性判定を省略しております。

　　（「LIBORを参照する金融商品に関するヘッジ会計の取扱い」を適用しているヘッジ関係）

　　上記のヘッジ関係のうち，「LIBORを参照する金融商品に関するヘッジ会計の取扱い」（実務対応報告第40号　2022年3月17日）の適用範囲に含まれるヘッジ関係のすべてに，当該実務対応報告に定められる特例的な取り扱いを適用しております。当該実務対応報告を適用しているヘッジ関係の内容は，以下のとおりであります。

　　　　ヘッジ会計の方法…繰延ヘッジ処理、金利スワップの特例処理
　　　　ヘッジ手段…金利スワップ
　　　　ヘッジ対象…借入金の支払い金利
　　　　ヘッジ取引の種類…キャッシュ・フローを固定するもの

（8） のれんの償却方法及び償却期間 ···

のれんの償却については、その効果が発現する期間を個別に見積り、当該期間にわたって均等償却しております。

（9） 連結キャッシュ・フロー計算書における資金の範囲 ·····················

手許現金、随時引出し可能な預金及び容易に換金可能であり、かつ価値の変動について僅少なリスクしか負わない取得日から3ヶ月以内に償還期限の到来する短期投資からなっております。

（10） その他連結財務諸表作成のための重要な事項 ·······························
支払利息に係る会計処理

当社及び連結子会社の支払利息につきましては原則として発生時に費用処理しておりますが，事業用の建設資産のうち，工事着工より工事完成までの期間が長期にわたり且つ投資規模の大きい資産については，工事期間中に発生する支払利息を取得原価に算入しております。なお，当連結会計年度中に取得原価に算入した支払利息は1,168百万円（前連結会計年度は172百万円）であります。

（重要な会計上の見積り）
長期傭船契約に係る契約損失引当金
1．当連結会計年度の連結財務諸表に計上した金額
契約損失引当金 10,894百万円
2．識別した項目に係る重要な会計上の見積りの内容に関する情報

契約損失引当金の認識は，長期傭船契約に関する将来の貸船料及び船舶調達コストによって見積もっております。当該貸船料に関する見積りは市場における傭船料の動向等の影響を受け，調達コストに関する見積りは船舶設備資金金利，船員人件費等の船費の動向の影響を受けます。

この結果，翌連結会計年度の連結財務諸表において，契約損失引当金の金額に重要な影響を与える可能性があります。

（会計方針の変更）

（時価の算定に関する会計基準の適用指針の適用）

「時価の算定に関する会計基準の適用指針」（企業会計基準適用指針第31号2021年6月17日。以下「時価算定会計基準適用指針」という。）を当連結会計年度の期首から適用し，時価算定会計基準適用指針第27-2項に定める経過的な取扱いに従って，時価算定会計基準適用指針が定める新たな会計方針を将来にわたって適用することといたしました。これによる，連結財務諸表への影響はありません。

（ASC第842号「リース」の適用）

米国会計基準を採用している一部の在外連結子会社は，当連結会計年度の期首より，ASC第842号「リース」を適用しております。

これにより，当該在外連結子会社における借手のリース取引については，原則として全てのリースを連結貸借対照表に資産及び負債として計上することといたしました。

当該会計基準の適用にあたっては，経過措置として認められている，当該会計基準の適用による累積的影響額を適用開始日に認識する方法を採用しております。

この結果，当連結会計年度の期首において，投資その他の資産の「その他長期資産」が82,761百万円，流動負債の「その他流動負債」が6,987百万円，固定負債の「その他固定負債」が75,774百万円増加しております。なお，当連結会計年度において，連結損益計算書及び連結キャッシュ・フロー計算書に与える影響はありません。

（棚卸資産の評価方法の変更）

当社グループは，棚卸資産のうち，原材料及び貯蔵品の評価方法について，主に移動平均法に基づく原価法を採用しておりましたが，当社及び一部の連結子会社は，当連結会計年度より先入先出法に基づく原価法に変更しております。

この評価方法の変更は，基幹システムの変更を契機として，先入先出法にて在

庫評価を行う方がより適切な棚卸資産の評価及び期間損益計算を行うことができると判断したことによるものであります。

　なお，過年度の在庫受払データの記録方法が新基幹システムと異なることから先入先出法による計算を行うことが実務上不可能であり，遡及適用した場合の累積的影響額を算定することが困難であるため，前連結会計年度末の帳簿価額を当連結会計年度の期首残高として，期首から将来にわたり先入先出法に基づく原価法を適用しております。

　これにより，従来の方法と比べて，当連結会計年度末における棚卸資産が1,439百万円減少し，当連結会計年度の売上原価が同額増加しており，その結果，営業利益，経常利益及び税金等調整前当期純利益がそれぞれ同額減少しております。

　当連結会計年度の1株当たり純資産額は3.61円減少し，1株当たり当期純利益は3.62円減少し，潜在株式調整後1株当たり当期純利益は3.61円減少しております。

　当連結会計年度の連結キャッシュ・フロー計算書は，税金等調整前当期純利益が1,439百万円減少し，棚卸資産の増減額（△は増加）が1,439百万円増加しております。

（未適用の会計基準等）
・「電子記録移転有価証券表示権利等の発行及び保有の会計処理及び開示に関する取扱い」（実務対応報告第43号　2022年8月26日　企業会計基準委員会）
（1）　概要
　2019年5月に成立した「情報通信技術の進展に伴う金融取引の多様化に対応するための資金決済に関する法律等の一部を改正する法律」（令和元年法律第28号）により，金融商品取引法が改正され，いわゆる投資性 ICO（Initial Coin Offering。企業等がトークン（電子的な記録・記号）を発行して，投資家から資金調達を行う行為の総称）は金融商品取引法の規制対象とされ，各種規定の整備が行われたことを踏まえ，「金融商品取引業等に関する内閣府令」における電子記録移転有価証券表示権利等の発行・保有等に係る会計上の取扱いを明らかにする

ことを目的として企業会計基準委員会から公表されたものです。

（2） 適用予定日

2024年3月期の期首から適用します。

（3） 当該会計基準等の適用による影響

「電子記録移転有価証券表示権利等の発行及び保有の会計処理及び開示に関する取扱い」の適用による連結財務諸表に与える影響額については，現時点で評価中であります。

- ・「法人税，住民税及び事業税等に関する会計基準」（企業会計基準第27号 2022年10月28日 企業会計基準委員会）
- ・「包括利益の表示に関する会計基準」（企業会計基準第25号 2022年10月28日 企業会計基準委員会）
- ・「税効果会計に係る会計基準の適用指針」（企業会計基準適用指針第28号 2022年10月28日 企業会計基準委員会）

（1）概要

2018年2月に企業会計基準第28号「『税効果会計に係る会計基準』の一部改正」等（以下「企業会計基準第28号等」）が公表され，日本公認会計士協会における税効果会計に関する実務指針の企業会計基準委員会への移管が完了されましたが，その審議の過程で，次の2つの論点について，企業会計基準第28号等の公表後に改めて検討を行うこととされていたものが，審議され，公表されたものであります。

- ・税金費用の計上区分（その他の包括利益に対する課税）
- ・グループ法人税制が適用される場合の子会社株式等（子会社株式又は関連会社株式）の売却に係る税効果

（2）適用予定日

2025年3月期の期首から適用します。

（3）当該会計基準等の適用による影響

「法人税，住民税及び事業税等に関する会計基準」等の適用による連結財務諸表に与える影響額については，現時点で評価中であります。

（表示方法の変更）

（連結損益計算書）

　前連結会計年度において「営業外費用」の「その他営業外費用」に含めていた「貸倒引当金繰入額」は，営業外費用の総額の100分の10を超えたため，当連結会計年度より独立掲記することとしております。これらの表示方法の変更を反映させるため，前連結会計年度の連結財務諸表の組替えを行っております。

　この結果，前連結会計年度の連結損益計算書において，「その他営業外費用」に表示していた5,051百万円は，「貸倒引当金繰入額」1,080百万円，「その他営業外費用」3,971百万円として組み替えております。

　前連結会計年度において，独立掲記しておりました「特別損失」の「関係会社株式評価損」，「建替関連損失」は，特別損失の総額の100分の10以下となったため，当連結会計年度より「その他特別損失」に含めて表示しております。また，前連結会計年度において「特別損失」の「その他特別損失」に含めていた「減損損失」は，特別損失の総額の100分の10を超えたため，当連結会計年度より独立掲記することとしております。これらの表示方法の変更を反映させるため，前連結会計年度の連結財務諸表の組替えを行っております。

　この結果，前連結会計年度の連結損益計算書において，「特別損失」の「関係会社株式評価損」に表示していた1,398百万円，「建替関連損失」に表示していた1,389百万円，「その他特別損失」に表示していた3,100百万円は，「その他特別損失」5,763百万円，「減損損失」125百万円として組み替えております。

（連結キャッシュ・フロー計算書）

　前連結会計年度において，「営業活動によるキャッシュ・フロー」の「その他」に含めていた「減損損失」は，金額的重要性が増したため，当連結会計年度より独立掲記することとしました。また，前連結会計年度において，独立掲記しておりました「営業活動によるキャッシュ・フロー」の「建替関連損失」，「関係会社株式評価損」は

　金額的重要性が乏しくなったため，当連結会計年度においては「その他」に含めて表示しております。これらの表示方法の変更を反映させるため，前連結会計

年度の連結財務諸表の組替えを行っております。この結果，前連結会計年度の連結キャッシュ・フロー計算書において，「営業活動によるキャッシュ・フロー」の「建替関連損失」に表示していた1,389百万円，「関係会社株式評価損」に表示していた1,398百万円，「その他」に表示していた△17,112百万円は，「減損損失」125百万円，「その他」△14,449百万円として組み替えております。

（追加情報）
（連結子会社の異動（株式譲渡））
　第3四半期連結会計期間において追加情報として記載しておりました連結子会社であるINTERNATIONAL TRANSPORTATION INC.の株式譲渡につきまして，主務官庁の承認手続き日程の影響により，譲渡の日程に変更が生じております。
1．譲渡相手先の概要
　　譲渡相手先は2社（一方は「譲渡相手先1」，他方はOcean Network Express Pte. Ltd.（以下，「ONE社」）といいます。）であり，当社は，譲渡相手先1及びONE社との間でそれぞれ株式譲渡契約を締結しております（以下，譲渡相手先1への株式譲渡を「本件株式譲渡1」，ONE社への株式譲渡を「本件株式譲渡2」といいます）。
2．日程

（1）本件株式譲渡1実行日	2023年8月（予定）
（2）本件株式譲渡2実行日 （連結子会社の異動日）	2023年8月（予定）

　本件株式譲渡は，関係法令に基づく主務官庁の承認を取得した後に実施されるため，これに変更・遅延が生じた場合には，上記日程は変更となる可能性があります。

2 財務諸表等

(1) 財務諸表 ···

① 損益計算書

(単位：百万円)

	前事業年度 （自 2021年4月1日 至 2022年3月31日）	当事業年度 （自 2022年4月1日 至 2023年3月31日）
海運業収益		
運賃		
貨物運賃	514,094	562,665
運賃合計	514,094	562,665
貸船料	205,879	209,952
その他海運業収益	44,339	47,854
海運業収益合計	※1 764,313	※1 820,472
海運業費用		
運航費		
貨物費	33,231	40,148
燃料費	143,313	185,363
港費	58,389	55,653
その他運航費	1,599	2,008
運航費合計	236,534	283,174
船費		
船員費	4,516	5,414
船員退職給付費用	△102	△139
賞与引当金繰入額	1,215	1,514
船舶減価償却費	10,795	12,916
その他船費	144	305
船費合計	16,570	20,010
借船料	※1 388,930	※1 351,302
その他海運業費用	51,835	49,942
海運業費用合計	※1 693,869	※1 704,430
海運業利益	70,443	116,042
その他事業収益		
不動産賃貸業収益	900	903
その他事業収益合計	※1 900	※1 903
その他事業費用		
不動産賃貸業費用	567	599
その他事業費用合計	※1 567	※1 599
その他事業利益	333	303
営業総利益	70,776	116,345
一般管理費	※1,※2 37,400	※1,※2 54,640
営業利益	33,376	61,705
営業外収益		
受取利息	4,256	11,826
受取配当金	※1 241,925	※1 397,966
為替差益	－	3,882
その他営業外収益	3,080	6,283
営業外収益合計	249,263	419,959

	前事業年度 （自　2021年4月1日 　至　2022年3月31日）	当事業年度 （自　2022年4月1日 　至　2023年3月31日）
営業外費用		
支払利息	3,816	7,983
社債利息	1,312	1,246
為替差損	9,979	－
貸倒引当金繰入額	3,991	841
その他営業外費用	3,297	1,609
営業外費用合計	22,398	11,680
経常利益	260,240	469,984
特別利益		
固定資産売却益	※3 12,092	※3 37
投資有価証券売却益	4,741	13,869
関係会社株式売却益	216	0
関係会社清算益	124	772
新株予約権戻入益	121	5
その他特別利益	6,577	6,332
特別利益合計	23,874	21,018
特別損失		
固定資産売却損	※4 6	※4 8
固定資産除却損	194	550
関係会社株式評価損	※5 1,551	※5 11,961
投資有価証券評価損	2,308	－
債務保証損失引当金繰入額	※6 1,431	※6 9,611
事業再編関連損失	4,483	－
その他特別損失	707	3,430
特別損失合計	10,683	25,561
税引前当期純利益	273,431	465,442
法人税、住民税及び事業税	※7 3,589	※7 3,097
法人税等調整額	△162	321
法人税等合計	3,427	3,419
当期純利益	270,004	462,022

前事業年度（自 2021年4月1日 至 2022年3月31日）

（単位：百万円）

	株主資本					
	資本金	資本剰余金		利益剰余金		
		資本準備金	資本剰余金合計	利益準備金	その他利益剰余金	
					圧縮記帳積立金	別途積立金
当期首残高	65,400	44,371	44,371	8,527	885	46,630
会計方針の変更による累積的影響額						
会計方針の変更を反映した当期首残高	65,400	44,371	44,371	8,527	885	46,630
当期変動額						
新株予約権の行使			–			
剰余金の配当			–			
当期純利益			–			
圧縮記帳積立金の取崩			–		△141	
自己株式の取得			–			
自己株式の処分			–			
株主資本以外の項目の当期変動額（純額）			–			
当期変動額合計	–	–	–	–	△141	
当期末残高	65,400	44,371	44,371	8,527	743	46,630

	株主資本				評価・換算差額等				
	利益剰余金				その他有価証券評価差額金	繰延ヘッジ損益	評価・換算差額等合計	新株予約権	純資産合計
	その他利益剰余金 繰越利益剰余金	利益剰余金合計	自己株式	株主資本合計					
当期首残高	13,134	69,177	△6,516	172,433	23,524	△2,731	20,793	1,347	194,574
会計方針の変更による累積的影響額	691	691		691					691
会計方針の変更を反映した当期首残高	13,826	69,869	△6,516	173,125	23,524	△2,731	20,793	1,347	195,266
当期変動額									
新株予約権の行使			657	657			–	△657	–
剰余金の配当	△52,137	△52,137		△52,137			–		△52,137
当期純利益	270,004	270,004		270,004			–		270,004
圧縮記帳積立金の取崩	141	–					–		
自己株式の取得		–	△97	△97			–		△97
自己株式の処分	△1,366	△1,366	3,687	2,321			–		2,321
株主資本以外の項目の当期変動額（純額）					3,515	775	4,290	91	4,382
当期変動額合計	216,642	216,500	4,247	220,748	3,515	775	4,290	△566	224,472
当期末残高	230,468	286,370	△2,268	393,873	27,040	△1,956	25,083	781	419,739

当事業年度（自　2022年4月1日　至　2023年3月31日）

（単位：百万円）

	株主資本					
	資本金	資本剰余金		利益剰余金		
		資本準備金	資本剰余金合計	利益準備金	その他利益剰余金	
					圧縮記帳積立金	別途積立金
当期首残高	65,400	44,371	44,371	8,527	743	46,630
当期変動額						
新株予約権の行使			－			
新株の発行	189	189	189			
剰余金の配当			－			
当期純利益						
圧縮記帳積立金の積立			－		249	
圧縮記帳積立金の取崩			－		△26	
自己株式の取得			－			
自己株式の処分			－			
会社分割による減少			－			
株主資本以外の項目の当期変動額（純額）			－			
当期変動額合計	189	189	189	－	222	－
当期末残高	65,589	44,561	44,561	8,527	966	46,630

	株主資本				評価・換算差額等			新株予約権	純資産合計
	利益剰余金		自己株式	株主資本合計	その他有価証券評価差額金	繰延ヘッジ損益	評価・換算差額等合計		
	その他利益剰余金 繰越利益剰余金	利益剰余金合計							
当期首残高	230,468	286,370	△2,268	393,873	27,040	△1,956	25,083	781	419,739
当期変動額									
新株予約権の行使		－	225	225			－	△225	－
新株の発行				378			－		378
剰余金の配当	△216,639	△216,639		△216,639					△216,639
当期純利益	462,022	462,022		462,022			－		462,022
圧縮記帳積立金の積立	△249						－		－
圧縮記帳積立金の取崩	26	－		－			－		－
自己株式の取得			△56	△56			－		△56
自己株式の処分	△686	△686	1,540	853			－		853
会社分割による減少	△8,386	△8,386		△8,386			－		△8,386
株主資本以外の項目の当期変動額（純額）		－		－	△3,052	756	△2,296	△5	△2,302
当期変動額合計	236,086	236,309	1,709	238,397	△3,052	756	△2,296	△231	235,870
当期末残高	466,555	522,679	△558	632,271	23,987	△1,199	22,787	550	655,609

③ 貸借対照表

（単位：百万円）

	前事業年度 （2022年3月31日）	当事業年度 （2023年3月31日）
資産の部		
流動資産		
現金及び預金	47,761	30,246
海運業未収金	※2 56,198	※2 56,057
契約資産	12,529	4,233
その他事業未収金	※2 33	※2 32
短期貸付金	166	67
関係会社短期貸付金	※4 55,428	※4 177,092
立替金	※2 20,600	※2 13,022
有価証券	1,000	500
貯蔵品	34,022	27,288
繰延及び前払費用	13,678	13,376
代理店債権	※2 14,745	※2 18,327
その他流動資産	※2 18,466	※2 21,402
貸倒引当金	△1,995	△2,710
流動資産合計	272,635	358,936
固定資産		
有形固定資産		
船舶	186,109	235,103
減価償却累計額	△68,630	△81,542
船舶（純額）	※1 117,479	※1 153,560
建物	26,546	26,564
減価償却累計額	△19,308	△19,749
建物（純額）	7,238	6,814
構築物	2,480	2,473
減価償却累計額	△2,379	△2,379
構築物（純額）	101	94
機械及び装置	804	613
減価償却累計額	△663	△530
機械及び装置（純額）	141	83
車両及び運搬具	203	183
減価償却累計額	△191	△177
車両及び運搬具（純額）	11	5
器具及び備品	3,831	4,000
減価償却累計額	△3,507	△3,390
器具及び備品（純額）	323	609
土地	15,478	15,252
建設仮勘定	21,813	2,433
その他有形固定資産	7,558	7,854
減価償却累計額	△3,420	△3,847
その他有形固定資産（純額）	4,137	4,007
有形固定資産合計	166,725	182,861
無形固定資産		
借地権	1	1
ソフトウエア	14,900	11,962
その他無形固定資産	3,916	3,241
無形固定資産合計	18,818	15,204

（単位：百万円）

	前事業年度 (2022年3月31日)	当事業年度 (2023年3月31日)
投資その他の資産		
投資有価証券	※1 63,671	※1 54,993
関係会社株式	※1 520,721	※1 703,621
出資金	196	224
関係会社出資金	6,478	6,213
長期貸付金	8,404	3,714
従業員に対する長期貸付金	26	30
関係会社長期貸付金	80,863	187,937
破産更生債権等	278	324
長期前払費用	4,801	4,879
前払年金費用	7,807	9,727
差入保証金	※2 5,279	※2 5,305
長期リース債権	※2 71,805	※2 58,937
その他投資等	※2 10,009	※2 8,839
貸倒引当金	△7,033	△5,796
投資その他の資産合計	773,311	1,038,953
固定資産合計	958,855	1,237,020
資産合計	1,231,491	1,595,956
負債の部		
流動負債		
海運業未払金	※2 65,751	※2 56,267
その他事業未払金	※2 8	※2 0
短期社債	8,700	15,000
短期借入金	※1,※2 181,035	※1,※2 324,014
リース債務	101	99
未払金	※2 3,892	※2 1,829
未払費用	※2 2,379	※2 2,787
未払法人税等	3,357	1,934
前受金	20	109
契約負債	17,246	20,090
預り金	※2 2,264	※2 1,679
代理店債務	※2 562	※2 522
コマーシャル・ペーパー	ー	80,000
賞与引当金	6,453	7,426
役員賞与引当金	523	680
株式報酬引当金	184	113
債務保証損失引当金	1,431	6,173
契約損失引当金	11,036	4,905
事業再編関連損失引当金	213	ー
その他流動負債	※2 4,909	※2 6,093
流動負債合計	310,072	529,727
固定負債		
社債	109,500	94,500
長期借入金	※1 334,711	※1 266,008
リース債務	2,899	2,775
株式報酬引当金	354	605
債務保証損失引当金	19,920	16,790
契約損失引当金	11,057	7,057
繰延税金負債	13,041	12,062
その他固定負債	※2 10,195	※2 10,819
固定負債合計	501,678	410,619
負債合計	811,751	940,347

	前事業年度 （2022年3月31日）	当事業年度 （2023年3月31日）
純資産の部		
株主資本		
資本金	65,400	65,589
資本剰余金		
資本準備金	44,371	44,561
資本剰余金合計	44,371	44,561
利益剰余金		
利益準備金	8,527	8,527
その他利益剰余金		
圧縮記帳積立金	743	966
別途積立金	46,630	46,630
繰越利益剰余金	230,468	466,555
利益剰余金合計	286,370	522,679
自己株式	△2,268	△558
株主資本合計	393,873	632,271
評価・換算差額等		
その他有価証券評価差額金	27,040	23,987
繰延ヘッジ損益	△1,956	△1,199
評価・換算差額等合計	25,083	22,787
新株予約権	781	550
純資産合計	419,739	655,609
負債純資産合計	1,231,491	1,595,956

【注記事項】

　（重要な会計方針）

1．有価証券の評価基準及び評価方法 ··

（1）　売買目的有価証券 ···

　時価法（売却原価は移動平均法により算定）

（2）　満期保有目的の債券 ···

　償却原価法

（3）　子会社株式及び関連会社株式 ···

　移動平均法による原価法

（4）　その他有価証券 ···

　市場価格のない株式等以外のもの

　時価法（評価差額は全部純資産直入法により処理し、売却原価は移動平均法に

より算定）市場価格のない株式等

　移動平均法による原価法

投資事業有限責任組合への出資（金融商品取引法第2条第2項により有価証券とみなされるもの）

　組合契約に規定される決算報告日に応じて入手可能な最近の決算書を基礎として，持分相当額を純額で取り込む方式によっております。

2. デリバティブ等の評価基準及び評価方法

　時価法

3. 棚卸資産の評価基準及び評価方法

　燃料油については移動平均法による原価法であり，その他船用品については個別法による原価法

　（貸借対照表価額は収益性の低下に基づく簿価切下げの方法により算定）

4. 固定資産の減価償却の方法

（1）　有形固定資産（リース資産を除く）

　船舶：定額法

　建物：定額法

　その他有形固定資産：主として定率法

　なお，取得価額10万円以上20万円未満の資産については，3年均等償却を行っております。

（2）　無形固定資産（リース資産を除く）

　定額法

　　なお，自社利用のソフトウェアについては，社内における利用可能期間（5年）に基づく定額法であります。

（3）　リース資産

　所有権移転ファイナンス・リース取引に係るリース資産

　　自己所有の固定資産に適用する減価償却方法と同一の方法を採用しており

ます。

所有権移転外ファイナンス・リース取引に係るリース資産

　　リース期間を耐用年数とし，残存価額を零とする定額法を採用しております。

5. 繰延資産の処理方法 ……………………………………………………

（1）　社債発行費 ……………………………………………………

支出時に全額費用として処理しております。

（2）　株式交付費 ……………………………………………………

支出時に全額費用として処理しております。

6. 引当金の計上基準 ……………………………………………………

（1）　貸倒引当金 ……………………………………………………

売上債権，貸付金等の貸倒損失に備えるため，一般債権については貸倒実績率による計算額を，貸倒懸念債権等特定の債権については個別に回収可能性を検討し回収不能見込額を計上しております。

（2）　賞与引当金 ……………………………………………………

従業員の賞与の支出に充てるため，将来の支給見込額のうち当事業年度の負担額を計上しております。

（3）　役員賞与引当金 ……………………………………………………

役員に対する賞与の支出に備えて，役員賞与支給見込額を計上しております。

（4）　株式報酬引当金株式報酬制度による当社株式等の交付に備えるため，当事業年度末における株式等の交付見込額に基づき計上しております。

（4）　株式報酬引当金 ……………………………………………………

債務保証に係る損失に備えるため，被保証先の財政状態等を勘案し，損失負担見込額を計上しております。

（5）　債務保証損失引当金 ……………………………………………………

債務保証に係る損失に備えるため，被保証先の財政状態等を勘案し，損失負担見込額を計上しております。

(6)　契約損失引当金 ･･

契約に関する意思決定等に伴い、将来の損失発生の可能性が高い契約について、損失見込額を計上しております。

(7)　事業再編関連損失引当金 ･･･

事業の再編等に伴う損失に備えるため，損失見込額を算定し計上しております。

(8)　事業再編関連損失引当金 ･･･

従業員の退職給付に備えるため，当事業年度末における退職給付債務及び年金資産の見込額に基づき，計上しております。

退職給付債務の算定にあたり，退職給付見込額を当事業年度末までの期間に帰属させる方法については，期間定額基準によっております。

数理計算上の差異は，その発生時の従業員の平均残存勤務期間以内の一定の年数（10年）による定額法により按分した額をそれぞれ発生の翌期から費用処理しております。

過去勤務費用は，その発生時に一括費用処理しております。

7.　収益及び費用の計上基準 ･･

当社は，主に船舶による海上貨物輸送及び貸船等のサービス並びにこれらに付帯するサービスを提供しております。

海上貨物輸送においては，顧客の貨物を輸送する行為である各航海を実質的に個別の契約とみなすとともに，履行義務としております。航海期間にわたり航海日数の経過に伴い当該履行義務が充足されるものであることから，各航海の見積り総日数（運送サービスの履行に伴う空船廻航期間を含み，運送サービスの履行を目的としない船舶の移動又は待機期間を除く）に対する期末日までの経過日数の割合を進捗度とし，当該進捗度に基づき収益を認識しております。取引の対価の金額には，燃料費調整係数，滞船料及び早出料等の変動対価が含まれておりますが，変動対価の額に関する不確実性が事後的に解消される際に，解消される時点までに計上された収益の著しい減額が発生しない可能性が高いため，当該変動対価を取引価格に含めております。

貸船においては，船長や船員の配乗等を通じて輸送能力を備えさせた船舶によ

る輸送サービスの提供を履行義務としておりますが，契約期間にわたり輸送サービスの提供に伴い充足されることから，「収益認識に関する会計基準の適用指針」第19項に基づき提供したサービスに対して顧客に請求する権利を有している金額で収益を認識しております。

　海上貨物輸送及び貸船に関する取引の対価は，履行義務の充足後に速やかに受領するものもありますが，主として契約に基づいた金額を前受けしております。なお，取引の対価に重要な金融要素は含まれておりません。

　ファイナンス・リース取引に係る収益については，売上高を計上せずに利息相当額を各期へ配分する方法によっております。

8．ヘッジ会計の方法 ……………………………………………………………
（1）　ヘッジ会計の方法 ……………………………………………………
　繰延ヘッジ処理を採用しております。なお、特例処理の要件を満たしている金利スワップに関しては、特例処理を採用しております。
（2）　主なヘッジ手段とヘッジ対象 ……………………………………

ヘッジ手段	ヘッジ対象
外貨建借入金	外貨建予定取引
為替予約	外貨建予定取引
通貨オプション	外貨建予定取引
金利スワップ	借入金利息及び社債利
金利キャップ	借入金利息
燃料油スワップ	船舶燃料
運賃先物	運賃

（3）　ヘッジ方針 ………………………………………………………………
　当社の内部規程である「市場リスク管理規程」及び「市場リスク管理要領」に基づき、個別案件ごとにヘッジ対象を明確にし、当該ヘッジ対象の為替変動リスク、金利変動リスク又は価格変動リスクをヘッジすることを目的として実施することとしております。
（4）　ヘッジ有効性評価の方法 ………………………………………………
　原則としてヘッジ開始時から有効性判定時点までの期間における、ヘッジ対象の相場変動又はキャッシュ・フロー変動の累計とヘッジ手段の相場変動又は

キャッシュ・フロー変動の累計を比較し、両者の変動額等を基礎として有効性を判定しております。

　ただし、特例処理の要件を満たしている金利スワップについては、ヘッジ有効性判定を省略しております。

9．その他財務諸表作成のための基礎となる事項 ……………………………
（1）　支払利息に係る会計処理について …………………………………………
　支払利息につきましては原則として発生時に費用処理しておりますが、事業用の建設資産のうち、工事着工より工事完成までの期間が長期にわたり且つ投資規模の大きい資産については、工事期間中に発生する支払利息を取得原価に算入しております。
（2）　退職給付に係る会計処理について ………………………………………
　退職給付に係る未認識数理計算上の差異の会計処理の方法は、連結財務諸表におけるこれらの会計処理の方法と異なっております。

　（重要な会計上の見積り）
1．当事業年度の財務諸表に計上した金額
　契約損失引当金 10,894百万円
2．識別した項目に係る重要な会計上の見積りの内容に関する情報
　連結財務諸表の「注記事項（重要な会計上の見積り）」に同一の内容を記載しているため記載を省略しております。

　（会計方針の変更）
　（収益認識に関する会計基準等の適用）
　「時価の算定に関する会計基準の適用指針」（企業会計基準適用指針第31号2021年6月17日。以下「時価算定会計基準適用指針」という。）を当事業年度の期首から適用し、時価算定会計基準適用指針第27-2項に定める経過的な取扱いに従って、時価算定会計基準適用指針が定める新たな会計方針を将来にわたって適用することといたしました。これによる、個別財務諸表への影響はありません。

_____

（棚卸資産の評価方法の変更）

　棚卸資産のうち，貯蔵品の評価方法について，主に移動平均法に基づく原価法を採用しておりましたが，当事業年度の期首より先入先出法に基づく原価法に変更しております。

　この評価方法の変更は，基幹システムの変更を契機として，先入先出法にて在庫評価を行う方がより適切な棚卸資産の評価及び期間損益計算を行うことができると判断したことによるものであります。

　なお，過年度の在庫受払データの記録方法が新基幹システムと異なることから先入先出法による計算を行うことが実務上不可能であり，遡及適用した場合の累積的影響額を算定することが困難であるため，前事業年度末の帳簿価額を当事業年度の期首残高として，期首から将来にわたり先入先出法に基づく原価法を適用しております。

　これにより，従来の方法と比べて，当事業年度末における貯蔵品が839百万円減少し，当事業年度の売上原価が同額増加しており，その結果，営業利益，経常利益及び税引前当期純利益がそれぞれ同額減少しております。また，当事業年度の1株当たり純資産額は2.32円減少し，1株当たり当期純利益は2.32円減少し，潜在株式調整後1株当たり当期純利益は2.32円減少しております。

（追加情報）

（連結子会社の異動（株式譲渡））

　連結財務諸表の「注記事項（追加情報）」に同一の内容を記載しているため，記載を省略しております。

　なお，個別財務諸表への影響は以下の通りです。

1．本件株式譲渡1

　　2024年3月期の単体決算において関係会社株式売却益約748億円を特別利益として計上予定です。

2．本件株式譲渡2

　　2024年3月期の単体決算において関係会社株式売却損約343億円を特別損失として計上予定です。

第**2**章

運輸業界の "今" を知ろう

企業の募集情報は手に入れた。しかし，それだけでは
まだ不十分。企業単位ではなく，業界全体を俯瞰する
視点は，面接などでもよく問われる重要ポイントだ。
この章では直近1年間の運輸業界を象徴する重大
ニュースをまとめるとともに，今後の展望について言
及している。また，章末には運輸業界における有名企
業（一部抜粋）のリストも記載してあるので，今後の就
職活動の参考にしてほしい。

▶▶はこぶ。みんなの夢のせて

運輸 業界の動向

> 運輸とは，ヒトやモノを運ぶことに関する業種である。運ぶ手段には，鉄道・飛行機・船・自動車などがあり，ヒトを運ぶ業種は「旅客」，モノを運ぶ業種は「貨物」と分類される。

❖ 鉄道 (JR) の業界動向

　1987年に旧国鉄が民営化され，北海道，東日本，東海，西日本，四国，九州，貨物のJR各社が発足して30年以上が経過した。JRでは，中長距離の輸送が主軸のひとつとなっており，それを支えているのが「新幹線」である。運輸収入において，新幹線が主体のJR東海で依存度が高いのはもちろんだが，JR西日本では新幹線収入が在来線を上回り，JR九州においてもその割合は3分の1を超え，経営の安定に大きく寄与している。2016年に開業した北海道新幹線は，2030年度には新函館北斗〜札幌まで延びる予定で，JR北海道の増収が期待される。北陸新幹線もJR西日本によって2023年度末に金沢－敦賀間の開業が予定されている。また新たに2022年9月に西九州新幹線が開通。現在は長崎駅から武雄温泉駅が結ばれている。

　また，JR東海による最高時速500kmの"次世代特急"リニア中央新幹線の建設も始まっている。2045年に大阪までの全面開業を予定しており，JR東海は新幹線との2本柱経営を目指している。

●観光列車の導入が活発化

　JR九州が2013年10月に運行を開始した豪華寝台特急列車「ななつ星in九州」以降，JR各社での観光列車の運行が増えている。2017年5月にはJR東日本が「トランスイート四季島」の運行を開始。同年6月にもJR西日本で「トワイライトエクスプレス瑞風」の運行が始まり，豪華寝台列車ブームは，シニア層や海外の富裕層など新たな顧客を獲得している。

　また，豪華寝台列車以外にも，「リゾートしらかみ」（JR東日本），「花嫁

のれん」（JR西日本），「四国まんなか千年ものがたり」（JR四国），「ゆふいんの森」，「或る列車」（JR九州）といったユニークな観光列車がJR各社で運行されている。車両デザインの注目度はもちろん，地域のPR効果も高く，地域活性化にも大きく寄与している。

●各社，非鉄道事業の拡大を目指す

　少子高齢化や新型コロナ禍を受けて，各社とも駅を中心とした不動産や流通サービスなどの非鉄道事業拡大に力を入れている。首都圏という大きな市場を地盤とするJR東日本では，多数のオフィスビルやルミネ系の商業施設を運営する不動産事業も積極的に展開。高輪ゲートウェイ駅周辺の巨大プロジェクトに注目が集まっている。

　JR西日本は，近畿圏の成長の頭打ちを見越して，不動産賃貸，ホテル，流通などの事業拡充に動き出している。非鉄道事業の売上が約6割を占めるJR九州も，駅ビル，マンション分譲，ホテル経営などを展開し，外食事業は広くエリア外へも展開している。JR四国は，不動産などの成長機会が乏しいなか，宿泊特化型ホテルの開業，マンション分譲，駅を中心とした高齢者向けサービスの提供などに取り組んでいる。

　本業の鉄道の方では，料金改定の動きが目立った。JR西日本は運賃を10〜40円引き上げ，JR東海などは新幹線の指定特急料金に「再繁忙期」を設け，閑散期と600円の差をつけた。また，首都圏の通勤向けではJR東日本がピーク時間帯以外に利用を限定した割安な「オフピーク定期券」をスタートさせた。

❖ 鉄道（民鉄）の業界動向

　日本民営鉄道協会（民鉄協）の発表では，2021年度の大手私鉄16社の輸送人員は87億4800万と，前年度比で11％増加した。新型コロナ禍前の19年度比では83％の水準となっている。新型コロナ禍がひと段落し，旅客需要は新幹線を中心に回復が進む一方で，テレワークの普及により通勤利用の完全回復は困難と見なされている。

　この10年あまりで，鉄道各社の相互乗り入れは飛躍的に進んだ。2013年3月には，東急，東京メトロ，西武，東武，横浜高速鉄道の5社7線が直通運転を開始した。また，2016年3月には，東京メトロを介してJR東日本常

磐線と小田急との相互乗り入れが開始された。これにより，乗車時間の短縮や乗り換えの解消など，利便性が向上しただけでなく，乗降駅の活性化や新たなネットワークの誕生にもつながっている。また，2019年11月にはJR東日本と相鉄ホールディングスの相互直通が実現した。乗り入れで13路線が使えるようになり，タワーマンションの建設ラッシュで注目を集めた武蔵小杉や，西武鉄道が販売している食事とお土産券がついた「西武横濱中華街グルメきっぷ」などが，その好例である。

●インバウンド需要が回復傾向に

2016年は約2870万人，2017年は約3119万人，そして2019年は3188万人と年々増加していた訪日外客数。このインバウンド（外国人観光客）需要に対応するため，鉄道各社ではホームの拡張工事，転落防止ためのホームドアの設置など，ハード面の改良を進めていた。またその一方で，2014年，東京の地下鉄143駅に無料Wi-Fiが設置されたほか，東京メトロでは乗換検索アプリ「Tokyo Subway Navigation for Tourists」を配信。西武では，ビデオ通話を活用した外国人スタッフによる通訳サービスの拡充。京浜急行では，羽田空港国際線駅で外貨をPASMOやSUICAといった交通系電子マネーに交換するサービスを開始するなど，ソフト面での新たな取り組みも始まっていた。これらは2020年夏開催の東京オリンピックで大いに効果を発揮する予定だったが，残念ながらその機会は訪れなかった。

しかし，新型コロナ禍からすでに数年が経ち，インバウンド需要は復調。2023年の訪日外客数は2500万人近くになると見込まれ，コロナ前の水準に戻りつつあることは明るい知らせだ。

●ホテル，マンション，小売業など非鉄道事業の拡充

鉄道会社の中でもとくに私鉄大手は，JR各社に比べ，非鉄道部門の売上げの比率が高く，マンション分譲や沿線の宅地開発などの不動産業，ホテルや遊園地などのレジャー業，百貨店や沿線のスーパーといった小売業など，非鉄道事業の部門を多角的に経営することで成長してきており，この傾向は今後も続いていく。

❖ 空輸の業界動向

　空輸会社は，幅広い路線網と充実した機内サービスを行うフルサービスキャリア（FSC）と，運賃を抑えた格安航空会社ローコストキャリア（LCC）に分かれる。日本では，FSCの日本航空（JAL）と全日本空輸（ANA）の大手2社が業界を主導してきたが，近年，国内外で多くのLCCがめざましい成長を遂げ，大手FSCを追い立てる状況となっている。

　格安航空会社のLCCは，機体の種類を絞ったり，短・中距離を中心に機体の使用頻度を上げて運行したり，機内サービスを有料にするなど，徹底したコスト削減によって低価格を実現し，躍進を続けている。日本初のLCCは，2012年2月にANAの出資で設立，3月より就航したピーチ・アビエーションである。同年には，JALと豪のカンタスグループ，三菱商事が共同出資したジェットスター・ジャパン，ANAとマレーシアのエアアジアが共同出資したエアアジア・ジャパンと，続けて3社のLCCが誕生した。しかしその後，エアアジア・ジャパンは2020年に経営破綻した。また，2016年5月には，バニラ・エア（2019年3月脱退）を含むアジア8社（現在，5社）が，世界初の広域のLCC連合「バリューアライアンス」を発足させ，ネットワークとマーケットの拡充を目指している。

●新型コロナウイルスによる大打撃から回復

　ウイルスの感染拡大を防ぐために世界各国の間で渡航が制限され，国際線は壊滅的な打撃を受けてから数年。旅客需要は回復傾向を見せている。国際航空運送協会（IATA）によると，2023年の旅客需要はコロナ禍前の96％まで回復すると予想されている。先行して回復していた欧米に続き，アジア太平洋地域改善されたことが大きい。日本の2強，ANAホールディングスと日本航空も，2022年度に19年度以来の営業黒字転換を果たした。いずれもインバウンド客の副長が大きかったことに加え，貨物輸送の下支えが大きかったとみられる。

　JALは2010年の経営破綻後，国内外の不採算路線の廃止，大規模なリストラ，子会社の売却などで経営を立て直し，2012年には再上場を果たした。LCCについては，2011年に，豪カンタス航空グループとジェットスター・ジャパンを設立していたが，2018年7月に，中長距離LCCの準備会社ティー・ビー・エルを設立し，中型機による飛行時間8時間以上の路線へ参入を予定して

いる。JALの経営破綻後，旅客数や収入でJALを逆転し，日本の航空会社のトップとなったANAも，2017年4月には，LCCのピーチ・アビエーションを完全子会社化。LCCの主力市場アジアでの競争力強化のため，2018年，傘下のLCCであるピーチ・アビエーションとバニラ・エアの統合を発表し，従来の短距離だけでなく，中型機による飛行時間6〜8時間の中距離路線に参入した。

　旅客が戻ってくる一方で，各社は深刻な人手不足問題を抱えている。グラウンドハンドリングスタッフは，コロナ前と比べて1〜2割減少している。安全航空のためにも，早急な対応が求められている。

運輸業界

直近の業界各社の関連ニュースを
ななめ読みしておこう。

置き配や鉄道輸送、運転手14万人不足補う　政府対策

政府は6日、トラック運転手の不足が懸念される「2024年問題」に備え、緊急対策をまとめた。荷主や消費者の意識改革など、一連の施策により24年度に見込まれる14万人の運転手不足を解消できるとみる。トラック事業者は中小企業が多く、対策が浸透するかは課題も多い。

政府は6日に関係閣僚会議を開き「物流革新緊急パッケージ」を決めた。①物流の効率化②荷主・消費者の行動変容③商慣行の見直し——を3本柱に据えた。10月中にまとめる経済対策にも反映し財政面で支援する。

長時間労働を解消するため、24年4月からトラック運転手の時間外労働は年960時間の上限が設けられる。人手不足が続く物流業界はこの措置により運転手14万人分に相当する輸送量が足りなくなるとみられている。

政府の試算によると①荷待ち・荷物の積み下ろし時間の削減で4万5000人分②荷物の積載率向上で6万3000人分③モーダルシフトで5000人分④再配達削減で3万人分——を補填できる。合計14万3000人分になるという。

輸送手段をトラックからフェリーなどに切り替える「モーダルシフト」では、鉄道や船舶の輸送量を今後10年で倍増させる目標を掲げた。船舶は20年度時点の5000万トンから1億トンに、鉄道の貨物輸送は3600万トンに引き上げる。

これに対し日本物流団体連合会の真貝康一会長（JR貨物会長）は6日に「実現には要員や設備の確保など様々な課題がある」とのコメントを出した。「目標の実現には官民一体となって取り組んでいく必要があると考えている」と指摘した。

対策では物流業者に依頼する荷主の責任も明確にする。物流負担の軽減に向けた中長期計画の策定や、進捗管理に責任を持つ「物流経営責任者」の選任を義務付ける。24年の通常国会での法制化を目指す。

味の素は物流担当部長が新たに必要な物流経営責任者を兼務する方針だ。既に500キロメートル超の長距離輸送では9割を船舶や鉄道にしている。運転手不

足などを受けて15年時点の74%から切り替えを進めてきた。

ただ、日本の物流業界はトラック事業者の99%を中小企業が占める。政府の対策が想定通りの効果をうむかは見通せない部分がある。

対策には運転手らの代わりに荷物の積み下ろしができる自動フォークリフトや、無人で物流施設内を走行できる無人搬送車（AGV）の導入促進を盛り込んだ。こうした取り組みはまだ一部にとどまり、共同配送のシステムづくりなどで国交省や業界団体の支援が欠かせない。

政府は対策に配送時の「置き配」やコンビニ受け取りなどを指定した消費者にポイント還元する仕組みが普及するようにシステム導入の実証実験を進めると記した。

（2022年11月3日　日本経済新聞）

鉄道大手、今期営業益29%増　旅客回復も定期は戻らず

鉄道大手17社の2024年3月期の連結業績見通しが15日出そろった。本業のもうけを示す営業利益は、17社合計で前期比29%増の1兆3155億円を見込む。新型コロナウイルスの感染症法上の分類が「5類」に移行したことや訪日客の増加に伴い、鉄道やホテルの利用が伸びる。動力費などのコスト増が重荷となり、利益水準はコロナ前の5〜6割台にとどまる会社が多い。通勤定期も伸び悩んでおり、本格回復はなお道半ばだ。

JR東日本や東急など24年3月期通期の収入計画を開示している主要12社合計の運輸収入は、15%増の2兆6279億円を見込む。前期はコロナ前の19年3月期比で8割弱の水準だったが、今期は9割まで回復する。15日に決算発表した阪急阪神ホールディングス（HD）は、阪急電鉄と阪神電気鉄道を合計した24年3月期の運輸収入を12%増の1285億円と計画する。

けん引役となるのが、定期外収入の増加だ。コロナの5類移行などを背景に、新幹線などの定期外利用が伸びる。JR東の渡利千春常務は「（前期末から）訪日客を含めて鉄道利用が急回復している」と説明。同社は23年12月時点で新幹線がコロナ前の約9割、在来線はコロナ前と同水準まで戻るとみる。

足元の訪日需要の高まりを受け、私鉄各社ではホテル事業の回復も利益を押し上げる。西武HDは国内ホテルの客室稼働率が16ポイント上昇し、69%になると想定する。1室あたりの収益力を示すRevPAR（ホテルの売上高を販売可能な部屋数で割った数値）は49%増の1万3079円と、1万2000円前後だっ

たコロナ前を上回る額だ。

今後も鉄道やホテル部門の業績回復は当面続くとみられる。阪急阪神が15日発表した24年3月期の部門別利益見通しでは、鉄道など都市交通事業が前期比40%増の313億円になる。旅客需要の回復に伴い、ホテルを含む不動産事業も399億円と同43%伸びる。

ただ、17社平均の営業利益は依然としてコロナ前の6割水準にとどまる。

厳しいのが定期券の回復の遅れだ。12社合計で今期の定期外収入はコロナ前比96%まで戻るのに対し、定期収入は同83%の水準。テレワークなど出社を前提としない働き方が定着し、「コロナ禍が落ち着く今後も大きく回復するとは見込めない」（京王電鉄）。JR東海の今期営業利益（4300億円）もコロナ前比6割にとどまる。修繕費の増加に加え、東海道新幹線の出張利用がコロナ前に戻らない。

電気代などの動力費の高騰も重荷となっている。JR東の前期の動力費は前の期比49%増の913億円と、コロナ前に比べて4割ほど多い。今期も1090億円に膨らむ見通しだ。JPモルガン証券の姫野良太シニアアナリストは「コロナ禍で各社が先送りにしてきた修繕費も今後かさんでくる」と指摘する。

鉄道各社は今春に初乗り運賃を10円程度引き上げ、収益ベースでは50億～230億円前後の増収効果を見込む。ただ、値上げによる増収分はホームドアなど駅構内のバリアフリー投資に使途が絞られる制度を利用している会社が多く、利益改善に寄与しにくい。

利益水準の底上げが難しい中、JR東は朝のラッシュ時以外が割引運賃になる「オフピーク定期券」を3月に発売した。朝の混雑緩和を促すことができれば、車両数や運行人員の縮小などコスト削減につながるとみており、JR西日本も導入を検討している。

世界航空42社の売上高、半数コロナ前超え　22年12月期

航空業界の事業環境が改善してきた。世界42社の2022年12月期決算を見ると、半数にあたる21社で売上高が新型コロナウイルス禍前の19年12月期を超えた。米国や中南米を中心に航空需要が回復し、人手不足などによる座席の需給逼迫もあって運賃が上昇している。一方で燃料費や人件費などのコストはかさみ、本業の損益が改善したのは13社にとどまった。

QUICK・ファクトセットで12月期決算の42社の売上高とEBIT（利払い・

税引き前損益）を集計・分析した。19年比で増収となった21社のうち、11社は米国の航空会社だ。デルタ航空、アメリカン航空、ユナイテッド航空の米大手3社は軒並み売上高を伸ばし、3社の合計では19年比6%増の1445億ドル（約19兆円）だった。

人手不足による欠航などが旅客数にマイナス影響となった。輸送量の指標で、旅客を運んだ距離の総和を示す「有償旅客マイル（RPM、便ごとの旅客数×飛行距離の総計）」は3社とも19年の水準を下回ったが、運賃の引き上げで補った。1人による1マイルの移動あたりの売上高を示す単価の指標「イールド」はデルタが16%、ユナイテッドは17%上昇した。

デルタは23年も前年比15～20%の増収を見込む。エド・バスティアン最高経営責任者（CEO）は「供給面の制約が続く一方で旅客が戻り需要は強い状態が続いている」と話す。国内線の市場規模が大きい米国では需要の回復が早かった上に、大幅な欠航などで航空券が手に入りにくくなっていることも運賃の値上げを後押ししている。

米国以外では中南米や中東の回復ぶりが目立つ。コパ・ホールディングス（パナマ）やターキッシュ・エアラインズ（トルコ）が、19年比で増収となった。

原油高やインフレでコストがかさみ、採算性はコロナ前から悪化している。増収の21社のうちEBITが改善したのは、コロナ下でも人員を維持して供給力を保つ戦略が奏功したターキッシュや、貨物事業を大幅に伸ばした大韓航空など6社にとどまる。米大手3社は軒並み営業減益だ。

19年比で減収となった航空会社は欧州や東南アジア勢で多い。欧州やアジア各国には米国のような巨大な国内線市場がない上に、中国の「ゼロコロナ」政策などの影響も大きかったためだ。

国際航空運送協会（IATA）によると、22年の有償旅客キロは北米の航空会社が19年比11%減だった一方、欧州は同22%減、アジア太平洋は56%減と落ち込みが大きい。個別企業では英ブリティッシュ・エアウェイズなどを傘下に抱えるインターナショナル・エアラインズ・グループ（IAG）や独ルフトハンザ、キャピタルA（旧エアアジア・グループ）などが減収となり、いずれもEBITも悪化した。

3月期決算の日本の航空大手は売上高、利益ともコロナ前には至っていない。ANAホールディングス（HD）は23年1～2月の国際線の旅客数（ANAブランド）がコロナ前の5割前後にとどまる。航空機の削減などコストの抑制を進めてきたが、客数減をカバーできる利益体質への転換は道半ばだ。

仏蘭エールフランスKLMなどは減収下でもリストラで損益を改善させた。エー

ルフランスKLMは人員削減で人件費を1割減らすなどして営業黒字を確保した。ベンジャミン・スミスCEOは「強いコスト規律と構造改革の成果などが寄与した」と話す。

IATAのウィリー・ウォルシュ事務総長は「23年末までにほとんどの地域の航空需要はコロナ前と同じかそれ以上の水準になるだろう」と見ている。リストラは収益底上げに一定の効果があるが、需要が本格的に回復すれば人手不足が足かせになりかねない。需要回復に対し、供給体制の整備や運賃の引き上げをどのように進めるかが問われる局面だ。

（2023年3月31日　日本経済新聞）

首都圏鉄道7社、運賃一斉値上げ　初乗り10円程度

鉄道各社が相次ぎ運賃を引き上げる。18日にJR東日本や東京地下鉄（東京メトロ）など首都圏の大手7社が、初乗り運賃を10円程度値上げする。4月にはJR西日本なども実施し、年内に大手約20社が値上げする。各社とも新型コロナウイルス前の水準まで旅客需要が戻らぬ中、ホームドア整備などへの投資がかさんでいる。

18日に運賃を値上げする大手はJR東日本や東京メトロ、小田急電鉄、西武鉄道、東武鉄道、相模鉄道、東急電鉄の7社。JR東日本は山手線など首都圏の一部区間の運賃を、一律10円引き上げる。山手線内の通勤定期券（初乗り区間）は1カ月分で330円、3カ月分が940円、6カ月分は1680円の値上げとなる。通学定期は現行運賃を据え置く。

東京メトロや小田急、西武なども一律10円値上げする。東武の通学を除く定期券は1カ月分で600円、3カ月分で1710円、6カ月分では3240円をそれぞれ引き上げる。このほか東急は平均12.9％値上げする。東横線などの初乗り運賃はきっぷの場合は130円から140円に、交通系ICカードは126円から140円になる。

4月には関西の鉄道各社が値上げする。JR西日本は在来線運賃のほか、新幹線などの料金を引き上げる。近畿圏の在来線は運賃を10円値上げするほか、私鉄に対抗して安く設定している主要区間も10〜40円高くする。運賃とは別に、山陽新幹線では停車駅の少ない「みずほ」や「のぞみ」の指定席特急料金を最大420円高くする。

近畿日本鉄道は収益改善や安全投資などに向けた資金を捻出するため、全区間

の運賃を引き上げる。改定幅は平均17％に及び、初乗り運賃は20円増の180円となる。南海電気鉄道も10月に平均10％の運賃値上げを予定している。鉄道各社の値上げが相次ぐ背景は大きく2つある。1つはホームドアなどバリアフリー投資への対応だ。国土交通省などが「鉄道駅バリアフリー料金制度」を創設したことで、運賃に一定料金を上乗せし投資を賄えるようになった。通常の運賃改定は国の認可が必要だが、同制度は事前の届け出だけですむ。

18日に値上げする大手7社のうち6社が同制度を使う。JR東は2021年度末に92駅で導入したホームドアを、31年度末までに330駅へと増やす。バリアフリー整備費は35年度までに5900億円を想定。今回の値上げで年230億円を徴収し、全体の約5割をまかなう計画だ。東京メトロも25年度までに全線でホームドアを整備する。

値上げのもう一つの理由が旅客需要の減少だ。東急の鉄道運賃収入は22年4～12月期で898億円と、コロナ前の19年同期の約8割にとどまる。特に定期収入は355億円と約7割で戻りは鈍い。沿線に「テレワークしやすいIT（情報技術）企業が多い」（東急）ことが響いているとみる。近鉄や南海も足元の鉄道収入はコロナ前の約8割の水準が続く。

需要減は鉄道会社にとって共通の経営課題だ。JR東の鉄道営業収入はコロナ前の約2割減で推移し、深沢祐二社長は「通勤やビジネス出張の需要は今後も元の水準には戻らない」と語る。JR西も在宅勤務の定着などで、鉄道需要はコロナ前の9割までしか戻らないと想定する。

（2023年3月17日　日本経済新聞）

ANA純利益600億円に上振れ
23年3月期、JALは下方修正

ANAホールディングス（HD）は2日、2023年3月期の連結最終損益が600億円の黒字（前期は1436億円の赤字）になりそうだと発表した。従来予想から200億円上方修正した。水際対策の緩和で国際線の需要が回復し、燃料費などのコストが計画を下回る。日本航空（JAL）は国内線を中心にANAよりも強気に見ていた旅客需要の想定を引き下げ、業績予想を下方修正した。

ANAHDは連結売上高の見通しを前期比68％増の1兆7100億円、営業損益は950億円の黒字（同1731億円の赤字）とした。それぞれ100億円と300億円の上方修正だ。会社の想定と比べて22年10～12月期の売上高が100億

円上回り、営業費用が200億円下回ったことを反映させた。

中堀公博・グループ最高財務責任者（CFO）は「北米線とアジア路線の需要が想定を上回った」と話した。コスト面では燃油や為替の市況変動で約70億円、需要に応じた貨物専用便の減便などの費用削減で約130億円を抑制した。

一方、JALは通期の最終損益（国際会計基準）の予想を250億円の黒字（前期は1775億円の赤字）と、従来予想から200億円引き下げた。売上収益は1兆3580億円と従来予想を460億円下回る。うち260億円を国内線の旅客収入、110億円は貨物郵便収入の下振れが占める。

菊山英樹CFOは「ビジネス需要の戻りが想定ほど早くない」と話し、コロナ禍を受けたリモート会議の普及などが影響している可能性があるとの見方を示した。政府の観光振興策「全国旅行支援」が年明け以降に再開するとの発表が遅れたことも、観光需要の回復の遅れにつながったとみている。

JALはANAと比べて需要の水準を高めに想定していた。2日に1〜3月期の国内線の旅客数の想定はコロナ前の85%、国際線は54%に引き下げた。従来はそれぞれ95%と60%だった。ANAは22年10月末に国内線（ANAブランドのみ）がコロナ前比85%、国際線は同55%との想定を示していた。

両社とも業績は回復している。ANAHDの22年4〜12月期の最終損益は626億円の黒字（前年同期は1028億円の赤字）、JALは163億円の黒字（同1283億円の赤字）だった。ともに4〜12月期としては3年ぶりの黒字となった。JALは今期末の配当予想を20円（従来予想は未定）に修正し、20年3月期の中間配当以来の配当を見込む。ANAHDは無配予想としている。

（2023年2月2日　日本経済新聞）

航空連合、3年ぶりベア要求　月6000円以上で2%

全日本空輸（ANA）や日本航空（JAL）など航空会社の労働組合が加盟する航空連合は26日、2023年の春季労使交渉で、基本給を一律月額6000円以上引き上げるベースアップ（ベア）を求める方針を発表した。統一のベア要求は3年ぶり。ベア率は平均2%で、定期昇給（定昇）を含む全体の賃上げ率は同4%程度を目指す。

同日の記者会見で方針を示した。22年まで2年連続で統一の賃金改善要求を見送っていた。20年は月額3000円以上を求めており、今回は新型コロナウイルス禍前を上回る水準を要求した。一時金は加盟組合の状況をふまえたうえ

で、中期目標である月額賃金の5カ月台を目指す。

物価上昇の影響で家計負担はコロナ前に比べて重くなっている。コロナ対応の行動制限や水際対策緩和に伴って需要が戻り、各社の業績は回復基調にある。コロナ禍で人材流出が進み、人材の確保が課題となっていることをふまえた。

内藤晃会長は「23年の春闘は将来の成長に向けた『転換点』として極めて重要だ」と話した。「各社の業績は回復している一方、需要の急激な増加に対応する人材不足が顕在化している。人材確保や育成、定着が最重要課題となっている」と強調した。

航空連合は航空会社や関連企業などの58組合が加盟しており、約4万5千人の組合員を抱える。航空業界はコロナの影響で大きな打撃を受けており、待遇改善で人材の確保を目指す。

（2023年1月26日　日本経済新聞）

JR連合がベア1%要求へ、月3000円　コロナ前と同水準

JR東海などの労働組合で組織するJR連合は、2023年の春季労使交渉で賃金を一律に引き上げるベースアップ（ベア）の統一要求目安を月額3000円とする執行部案を固めた。ベア率は平均1%で、定期昇給（定昇）を含めた全体の賃上げ率は同3%程度を目指す。安定経営が強みとされてきた鉄道業界の環境は新型コロナウイルス禍で揺らいでおり、待遇改善を通じて優秀な人材の確保を目指す。

2月1日の中央委員会で正式決定される見通し。JR連合は貨物を含めたJR7社とグループ会社の計96組合が加盟し、約8万5000人の組合員を抱える。

JR連合は21年、22年は月額1000円のベアを求めてきたが、新型コロナ感染拡大前の要求水準に戻した。総務省によると、22年の東京都区部の物価上昇率は2.2%。物価上昇の影響で足元の家計負担はコロナ禍前に比べて重くなっている一方、JR各社の経営状況が完全に回復していないことを踏まえた。

2%相当の定昇の完全実施を優先課題と位置づけ、定昇制度がない組合では制度設立と併せ、定昇分として5000円の確保を求める。賃金をはじめとする労働条件の改善原資として月例賃金総額の3%相当を求める。

本州3社（JR東日本、JR西日本、JR東海）はコロナ禍の業績低迷を受け、2年連続でベアを見送っていた。JR東は23年3月期の連結最終損益が600億円の黒字（前期は949億円の赤字）と3期ぶりの黒字転換を見込む。

（2023年1月16日　日本経済新聞）

▶福利厚生

職種：施工管理　　　年齢・性別：30代前半・女性

・自分に裁量のある部分に関しては，割と時間の融通が利きます。
・結果さえ出していれば，プライベートを優先させることも可能です。
・場合によっては，他人の仕事であっても泊まり込みで残業することも。
・休日出勤する人もいますが，残業時間は一定以上は制限されます。

職種：一般事務　　　年齢・性別：20代後半・女性

・異動が多く，転勤が嫌な人にはあまり向かない企業だと思います。
・お盆休みやGWはありませんが，有給休暇数はしっかりあります。
・給与は普通でしたが，賞与は入社一年目でもかなり高額でした。
・家が遠いなど理由があれば寮にも入れるため，貯金はしやすいです。

職種：電気・電子関連職　　　年齢・性別：20代後半・男性

・学生気分の抜けないものもいれば，どんどん成長できる人間もいる。
　年輩の管理者より若い管理者の下のほうが働きやすいと思います。
・年輩の社員の中には，始業前の掃除を口うるさく言う人も多いです。
・仕事外の関係も親密で，飲み会や旅行，組合活動も必須となります。

職種：サービス関連職　　　年齢・性別：20代後半・女性

・明るく元気な人が多く，思っていた以上に体育会系です。
・イキイキというよりもシャキシャキした我が強い人が多いです。
・仕事は体力的にきつく，体を壊す人も多いので，自己管理が大切。
　福利厚生は充実していますが，休暇は疲れを取るだけになることも。

▶労働環境

職種：カウンターセールス　　年齢・性別：20代後半・男性

・有給休暇は部署により取得方法が違いますが，ほぼ消化できるかも。
　駅勤務の場合は，自分で代務者を見つければ休暇の取得が可能です。
・住宅補助は家族寮，独身寮がありますが，常に順番待ちの状態。
・現業職採用でも社内公募で本社勤務への異動のチャンスがあります。

職種：生産管理・品質管理（機械）　　年齢・性別：20代後半・男性

・社宅や寮は充実しているが，転勤が多く，家族持ちには厳しい面も。
・住宅補助などは充実していて持ち家を買った後も補助されます。
・給与以外の金銭的に助けとなる厚生が非常に充実しています。
・配属については社内応募がなく，自分の意思は全く反映されません。

職種：人事　　年齢・性別：30代後半・男性

・社内応募制度については，最近海外関係に力を入れています。
・中長期での海外転勤から，短期の海外研修制度まで公募があります。
　この他にも留学制度といった，さまざまな制度が用意されています。
　住宅補助については，社宅・寮の他金銭的な補助も充実。

職種：サービス関連職　　年齢・性別：20代後半・女性

・女性が多い職種のためか，出産育児制度にはかなり満足しています。
・一人の子供に対し，最大3年間育児休暇を取ることができます。
・育児休暇中にもう一人出産したら，さらに3年取得できます。
・復帰後も復帰訓練があって，突然現場に戻されることはありません。

▶福利厚生

職種：内勤営業　　年齢・性別：30代後半・男性

・お客様の生命と安全を第一に, 快適な移動空間を創出するという点。
　駅社員はお客様を適切にご案内するという任務をこなしてこそ。
・列車乗務員はご案内に加え, 運転に関わる責務を負っています。
・いずれも非常に大きなやりがいのある仕事だと思っています。

職種：セールスエンジニア・サービスエンジニア　　年齢・性別：20代後半・男性

・日本を代表する会社であり, 鉄道の安全, 安定輸送を支えている点。
　夜間作業の後, 安全な通過を確認した時は, 喜びを感じます。
・社員には様々な制度が完備されていて, 成長できる点も魅力です。
・留学制度もあり, 学部卒でも将来の幹部職への道も開かれています。

職種：物流サービス　　年齢・性別：20代前半・女性

・毎日たくさんのお客様に出会え, とても良い刺激になります。
・サービスは自分の工夫次第で何でも出来るのでやりがいがあります。
・毎日違うメンバーでの業務のため, 合わない人ともやりやすいです。
　丁寧な所作やマナー, ホスピタリティ精神がとても身につきます。

職種：人事　　年齢・性別：20代後半・女性

・総合職はいつでも前面に出て組織を牽引することが求められます。自
　分が会社にいる存在意義を感じられる場面が多くあります。
・事業内容が社会貢献性が高く, 影響を与える範囲も大きいです。
・後世に残る仕事に携わることもでき, 大変充実しています。

▶労働環境

職種：運輸関連　　年齢・性別：20代後半・男性

・面接は非常に穏やかな面接で，圧迫面接などもありません。
・入社後の研修が非常に厳しく，入社翌日に退社した人もいます。軍隊のように大声で完璧に暗記するまで唱和を叩きこまれます。
・職場の雰囲気は良いので，研修さえ耐えれば大丈夫かと思います。

職種：生産管理・品質管理　　年齢・性別：20代後半・男性

・ワークライフバランスは非常にとりづらいと思います。
・若手の勉強のためという名目の飲み会も多く，サービス残業も多め。
・上司に気に入られないと出世は難しいと思われます。
・休日に社内レクリエーションがあり，強制的に動員されることも。

職種：技術関連職　　年齢・性別：20代後半・男性

・残業は月に50時間〜100時間といったところです。
・災害が発生した場合には休日も出社となり，残業も増えます。
・社内の強制参加のイベントも少なくなく，体育会系な職場と言えます。残業代はきちんと払われるのでその点は良しとします。

職種：総合職事務職　　年齢・性別：40代後半・女性

・女性ばかりの職場なので，足の引っ張り合いや嫉妬があります。
・尊敬出来る先輩のグループに所属出来れば非常にやりやすいです。
・長い物に巻かれるタイプのほうが重宝されて居心地は良いでしょう。
・世間のイメージと内部事情はだいぶ違うので覚悟が必要です。

▶福利厚生

職種：一般事務　　年齢・性別：20代後半・女性

・女性社員で3年の育休取得後，短時間制度を活用中の方もいます。
　急用で抜ける場合も，周囲が仕事をカバーして乗り切っています。
・更衣室の設置など女性の労働環境もだいぶ良くなってきています。
・男社会からの脱却という感じで，男女差もなく仕事が与えられます。

職種：施工管理　　年齢・性別：20代後半・男性

・女性の管理職は女性社員が比較的少ないのであまり多くありません。
・女性の場合，昇進については優遇されてきているように感じます。
・本人の頑張り次第で管理職への昇進も可能だと思います。
・管理職を目指すなら，上級職で採用されることが大事だと思います。

職種：物流サービス　　年齢・性別：30代後半・女性

・部署によっては女性の管理職が大半を占めているところもあります。
・一昔前は未婚でバリバリ働かないと管理職は難しかったようですが。
・結婚，出産，育児を経てバランス良くこなしている人が多いです。
　一般社員に比べて休日出勤等の負担は多少大きいかもしれません。

職種：サービス関連職　　年齢・性別：20代後半・女性

・女性が多い環境ということもあり，育児休暇などは取りやすいです。
　復職も一般の事務などと比べ，スムーズにできると思います。
・同僚や先輩も魅力的な方が多く，職場環境はとても良かったです。
　資格を取るなどモチベーションを保つ努力は必要だと思います。

▶労働環境

職種：技術関連職　　年齢・性別：40代前半・男性

- 運輸事業のみを見れば，堅調に推移しており，底堅いといえます。
- 日本全体を考えると運輸の未来は明るくはないかもしれません。
- 新たなビジネスをつくることで，問題解決に取り組むことが必要。旧態依然の体質のなか，スピード感が求められていると思います。

職種：経営企画　　年齢・性別：50代後半・男性

- 経営者，社員が一丸となって改革を継続していこうとしています。
- 以前の会社とは良い意味で様変わりしているといえます。
- 業績が回復した現在でも，更に引き締めつつ着実に前進しています。
- これをこれからも継続していけるか否かが勝負だろうと思います。

職種：個人営業　　年齢・性別：30代後半・男性

- 業績がⅤ字回復を果たし，再び業績悪化させまいと皆必死です。
- 一部には何となくこれで大丈夫という安心感が漂っているのも事実。
- プロ意識があまりに強く，自信がそうさせるのかもしれません。
- 昔の親方日の丸的な雰囲気を払拭し，改革こそが発展のカギかと。

職種：経営企画　　年齢・性別：20代後半・男性

- 会社の改革の一環として，新たな人財育成計画が策定されました。
- これまでの教育プログラムよりも実践的なものになるようです。
- 社員側も「自分で自分を磨くしかない」という意識が高いです。
- 今後，世界企業の一員として羽ばたくことを目標に改革は進みます。

航空　国内企業リスト（一部抜粋）

会社名	本社住所
日本航空株式会社	東京都品川区東品川二丁目 4 番 11 号 野村不動産天王洲ビル
株式会社ジェイエア	大阪府池田市空港 2-2-5 空港施設・大阪綜合ビル
株式会社ジャルエクスプレス	東京都大田区羽田空港 3-3-2　第一旅客ターミナル 4F
日本トランスオーシャン航空株式会社	沖縄県那覇市山下町 3-24
琉球エアーコミューター株式会社	沖縄県那覇市山下町 3-24
日本エアコミューター株式会社	鹿児島県霧島市溝辺町麓 787-4
株式会社北海道エアシステム	札幌市東区丘珠町 丘珠空港内
全日本空輸株式会社	東京都港区東新橋 1-5-2 汐留シティセンター
ANA ウイングス株式会社	東京都大田区羽田空港 3-3-2
株式会社エアージャパン	東京都大田区東糀谷六丁目 7 番 56 号
スカイマーク株式会社	東京都大田区羽田空港 3-5-7
株式会社 AIRDO	北海道札幌市中央区北 1 条西 2 丁目 9　オーク札幌ビル 8 階
アイベックスエアラインズ株式会社	東京都江東区新砂 1-2-3
スカイネットアジア航空株式会社	宮崎市大字赤江　宮崎空港内（宮崎空港ビル 2 階）
オリエンタルエアブリッジ株式会社	長崎県大村市箕島町 593 番地の 2（長崎空港内）
株式会社スターフライヤー	福岡県北九州市小倉南区空港北町 6 番　北九州空港スターフライヤー本社ビル
新中央航空株式会社	東京都調布市西町２９０- 3
第一航空株式会社	大阪府八尾市空港 2 丁目 12 番地（八尾空港内）
株式会社フジドリームエアラインズ	静岡県静岡市清水区入船町 11-1
天草エアライン株式会社	熊本県天草市五和町城河原１丁目２０８０番地 5
新日本航空株式会社	鹿児島県霧島市隼人町西光寺 3525-1

第**3**章

就職活動のはじめかた

入りたい会社は決まった。しかし「就職活動とはそもそ
も何をしていいのかわからない」「どんな流れで進むか
わからない」という声は意外と多い。ここでは就職活
動の一般的な流れや内容，対策について解説していく。

▶就職活動のスケジュール

| **3月** | **4月** | **6月** |

就職活動スタート

2025年卒の就活スケジュールは,経団連と政府を中心に議論され,2024年卒の採用選考スケジュールから概ね変更なしとされている。

エントリー受付・提出

OB・OG訪問

企業の説明会には積極的に参加しよう。独自の企業研究だけでは見えてこなかった新たな情報を得る機会であるとともに,モチベーションアップにもつながる。また,説明会に参加した者だけに配布する資料などもある。

合同企業説明会　　個別企業説明会

筆記試験・面接試験等始まる（3月～）

内々定(大手企業)

2月末までにやっておきたいこと

就職活動が本格化する前に,以下のことに取り組んでおこう。
　◎自己分析　◎インターンシップ　◎筆記試験対策
　◎業界研究・企業研究　◎学内就職ガイダンス
自分が本当にやりたいことはなにか,自分の能力を最大限に活かせる会社はどこか。自己分析と企業研究を重ね,それを文章などにして明確にしておき,面接時に最大限に活用できるようにしておこう。

7月　　　　　　　8月　　　　　　　10月

中 小 企 業 採 用 本 格 化

内定者の数が採用予定数に満た
ない企業，1年を通して採用を継
続している企業，夏休み以降に採
用活動を実施企業（後期採用）は
採用活動を継続して行っている。
大企業でも後期採用を行っている
こともあるので，企業から内定が
出ても，納得がいかなければ継続
して就職活動を行うこともある。

中小企業の採用が本格化するのは大手
企業より少し遅いこの時期から。HP
などで採用情報をつかむとともに，企
業研究も怠らないようにしよう。

内々定とは10月1日以前に通知（電話等）
されるもの。内定に関しては現在協定があり，
10月1日以降に文書等にて通知される。

内々定（中小企業）　　　内定式（10月〜）

どんな人物が求められる？

多くの企業は，常識やコミュニケーション能力があり，社会のできごと
に高い関心を持っている人物を求めている。これは「会社の一員とし
て将来の企業発展に寄与してくれるか」という視点に基づく，もっとも
普遍的な選考基準だ。もちろん，「自社の志望を真剣に考えているか」
「自社の製品，サービスにどれだけの関心を向けているか」という熱
意の部分も重要な要素になる。

理論編

就活ロールプレイ！

理論編 **STEP 1**　　　就職活動のスタート

内定までの道のりは，大きく分けると以下のようになる。

自　己　分　析

↓

企　業　研　究

↓

エントリーシート・筆記試験・面接

↓

内　　定

01　まず自己分析からスタート

　就職活動とは，「企業に自分をPRすること」。自分自身の興味，価値観に加えて，強み・能力という要素が加わって，初めて企業側に「自分が働いたら，こういうポイントで貢献できる」と自分自身を売り込むことができるようになる。

■自分の来た道を振り返る

　自己分析をするための第一歩は，「振り返ってみる」こと。

　小学校，中学校など自分のいた"場"ごとに何をしたか（部活動など），何を学んだか，交友関係はどうだったか，興味のあったこと，覚えている印象的なことを書き出してみよう。

■テストを受けてみる

　"自分では気がついていない能力"を客観的に検査してもらうことで，自分に向いている職種が見えてくる。下記の5種類が代表的なものだ。

①職業適性検査　　②知能検査　　③性格検査

④職業興味検査　　⑤創造性検査

■先輩や専門家に相談してみる

　就職活動をするうえでは，“いかに他人に自分のことをわかってもらうか”が重要なポイント。他者の視点で自分を分析してもらうことで，より客観的な視点で自己PRができるようになる。

自己分析の流れ
❏過去の経験を書いてみる
❏現在の自己イメージを明確にする…行動，考え方，好きなものなど。
❏他人から見た自分を明確にする
❏将来の自分を明確にしてみる…どのような生活をおくっていたいか。期待，夢，願望。なりたい自分はどういうものか，掘り下げて考える。→自己分析結果を，志望動機につなげていく。

01　企業の絞り込み

　志望企業の絞り込みについての考え方は大きく分けて2つある。

　第1は，同一業種の中で1次候補，2次候補……と絞り込んでいく方法。

　第2は，業種を1次，2次，3次候補と変えながら，それぞれに2社程度ずつ絞り込んでいく方法。

　第1の方法では，志望する同一業種の中で，一流企業，中堅企業，中小企業，縁故などがある歯止めの会社……というふうに絞り込んでいく。

　第2の方法では，自分が最も望んでいる業種，将来好きになれそうな業種，発展性のある業種，安定性のある業種，現在好況な業種……というふうに区別して，それぞれに適当な会社を絞り込んでいく。

02　情報の収集場所

・キャリアセンター

・新聞

・インターネット

・企業情報

『就職四季報』（東洋経済新報社刊），『日経会社情報』（日本経済新聞社刊）などの企業情報。この種の資料は本来"株式市場"についての資料だが，その時期の景気動向を含めた情報を仕入れることができる。

・経済雑誌

『ダイヤモンド』（ダイヤモンド社刊）や『東洋経済』（東洋経済新報社刊），『エコノミスト』（毎日新聞出版刊）など。

・OB・OG／社会人

①成長力

　まず"売上高"。次に資本力の問題や利益率などの比率。いくら資本金があっても，それを上回る膨大な借金を抱えていて，いくら稼いでも利払いに追われまくるようでは，成長できないし，安定できない。

　成長力を見るには自己資本率を割り出してみる。自己資本を総資本で割って100を掛けると自己資本率がパーセントで出てくる。自己資本の比率が高いほうが成長力もあり安定度も高い。

　利益率は純利益を売上高で割って100を掛ける。利益率が高ければ，企業はどんどん成長するし，社員の待遇も上昇する。利益率が低いということは，仕事がどんなに忙しくても利益にはつながらないということになる。

②技術力

　技術力は，短期的な見方と長期的な展望が必要になってくる。研究部門が適切な規模か，大学など企業外の研究部門との連絡があるか，先端技術の分野で開発を続けているかどうかなど。

③経営者と経営形態

　会社が将来，どのような発展をするか，または衰退するかは経営者の経営哲学，経営方針によるところが大きい。社長の経歴を知ることも必要。創始者の息子，孫といった親族が社長をしているのか，サラリーマン社長か，官庁などからの天下りかということも大切なチェックポイント。

④社風

　社風というのは先輩社員から後輩社員に伝えられ，教えられるもの。社風もいろいろな面から必ずチェックしよう。

⑤安定性

　企業が成長しているか，安定しているかということは車の両輪。どちらか片方の回転が遅くなっても企業はバランスを失う。安定し，しかも成長する。これが企業として最も理想とするところ。

⑥待遇

　初任給だけを考えてみても，それが手取りなのか，基本給なのか。基本給というのはボーナスから退職金，定期昇給の金額にまで響いてくる。また，待遇というのは給与ばかりではなく，福利厚生施設でも大きな差が出てくる。

■そのほかの会社比較の基準

1. ゆとり度

休暇制度は，企業によって独自のものを設定しているところもある。「長期休暇制度」といったものなどの制定状況と，また実際に取得できているかどうかも調べたい。

2. 独身寮や住宅設備

最近では，社宅は廃止し，住宅手当を多く出すという流れもある。寮や社宅についての福利厚生は調べておく。

3. オフィス環境

会社に根づいた慣習や社員に対する考え方が，意外にオフィスの設備やレイアウトに表れている場合がある。

たとえば，個人の専有スペースの広さや区切り方，パソコンなどOA機器の設置状況，上司と部下の机の配置など，会社によってずいぶん違うもの。玄関ロビーや受付の様子を観察するだけでも，会社ごとのカラーや特徴がどこかに見えてくる。

4. 勤務地

転勤はイヤ，どうしても特定の地域で生活していきたい。そんな声に応えて，最近は流通業などを中心に，勤務地限定の雇用制度を取り入れる企業も増えている。

---

column　初任給では分からない本当の給与

会社の給与水準には「初任給」「平均給与」「平均ボーナス」「モデル給与」など，判断材料となるいくつかのデータがある。これらのデータからその会社の給料の優劣を判断するのは非常に難しい。

たとえば中小企業の中には，初任給が飛び抜けて高い会社がときどきある。しかしその後の昇給率は大きくないのがほとんど。

一方，大手企業の初任給は業種間や企業間の差が小さく，ほとんど横並びと言っていい。そこで，「平均給与」や「平均ボーナス」などで将来の予測をするわけだが，これは一応の目安とはなるが，個人差があるので正確とは言えない。

■決定版「就職ノート」はこう作る

1冊にすべて書き込みたいという人には，ルーズリーフ形式のノートがお勧め。会社研究，スケジュール，時事用語，OB／OG訪問，切り抜きなどの項目を作りインデックスをつける。

カレンダー，説明会，試験などのスケジュール表を貼り，とくに会社別の説明会，面談，書類提出，試験の日程がひと目で分かる表なども作っておく。そして見開き2ページで1社を載せ，左ページに企業研究，右ページには志望理由，自己PRなどを整理する。

就職ノートの主なチェック項目

❏企業研究…資本金，業務内容，従業員数など基礎的な会社概要から，過去の採用状況，業務報告などのデータ

❏採用試験メモ…日程，条件，提出書類，採用方法，試験の傾向など

❏店舗・営業所見学メモ…流通関係，銀行などの場合は，客として訪問し，商品（値段，使用価値，ユーザーへの配慮），店員（接客態度，商品知識，熱意，親切度），店舗（ショーケース，陳列の工夫，店内の清潔さ）などの面をチェック

❏OB／OG訪問メモ…OB／OGの名前，連絡先，訪問日時，面談場所，質疑応答のポイント，印象など

❏会社訪問メモ…連絡先，人事担当者名，会社までの交通機関，最寄り駅からの地図，訪問のときに得た情報や印象，訪問にいたるまでの経過も記入

05 「OB／OG訪問」

　「OB／OG訪問」は，実際は採用予備選考開始。まず，OB／OG訪問を希望したら，大学のキャリアセンター，教授などの紹介で，志望企業に勤める先輩の手がかりをつかむ。もちろん直接電話なり手紙で，自分の意向を会社側に伝えてもいい。自分の在籍大学，学部をはっきり言って，「先輩を紹介していただけないでしょうか」と依頼しよう。

参考

OB／OG訪問時の質問リスト例

●採用について

- ・成績と面接の比重
- ・採用までのプロセス（日程）
- ・面接は何回あるか
- ・面接で質問される事項　etc.
- ・評価のポイント
- ・筆記試験の傾向と対策
- ・コネの効力はどうか

●仕事について

- ・内容（入社10年，20年のOB/OG）
- ・希望職種につけるのか
- ・残業，休日出勤，出張など
- ・新入社員の仕事
- ・やりがいはどうか
- ・同業他社と比較してどうか　etc.

●社風について

- ・社内のムード
- ・仕事のさせ方　etc.
- ・上司や同僚との関係

●待遇について

- ・給与について
- ・昇進のスピード
- ・福利厚生の状態
- ・離職率について　etc.

インターンシップとは，学生向けに企業が用意している「就業体験」プログラム。ここで学生はさまざまな企業の実態をより深く知ることができ，その後の就職活動において自己分析，業界研究，職種選びなどに活かすことができる。また企業側にとっても有能な学生を発掘できるというメリットがあるため，導入する企業は増えている。

インターンシップ参加が採用につながっているケースもあるため，たくさん参加してみよう。

column コネを利用するのも1つの手段？

コネを活用できるのは，以下のような場合である。

・企業と大学に何らかの「連絡」がある場合

企業の新卒採用の場合，特定校・指定校が決められていることもある。企業側が過去の実績などに基づいて決めており，大学の力が大きくものをいう。

とくに理工系では，指導教授や研究室と企業との連絡が密接な場合が多く，教授の推薦が有利であることは言うまでもない。同じ大学出身の先輩とのコネも，この部類に区分できる。

・志望企業と「関係」ある人と関係がある場合

一般的に言えば，志望企業の取り引き先関係からの紹介というのが一番多い。ただし，年間億単位の実績が必要で，しかも部長・役員以上につながっていなければコネがあるとは言えない。

・志望企業と何らかの「親しい関係」がある場合

志望企業に勤務したりアルバイトをしていたことがあるという場合。インターンシップもここに分類される。職場にも馴染みがあり人間関係もできているので，就職に際してきわめて有利。

・志望会社に関係する人と「縁故」がある場合

縁故を「血縁関係」とした場合，日本企業ではこのコネはかなり有効なところもある。ただし，血縁者が同じ会社にいるというのは不都合なことも多いので，どの企業も慎重。

1. 受付の様子

受付事務がテキパキとしていて，分かりやすいかどうか。社員の態度が親切で誠意が伝わってくるかどうか。

こういった受付の様子からでも，その会社の社員教育の程度や，新入社員採用に対する熱意とか期待を推し測ることができる。

2. 控え室の様子

控え室が2カ所以上あって，国立大学と私立大学の訪問者とが，別々に案内されているようなことはないか。また，面談の順番を意図的に変えているようなことはないか。これはよくある例で，すでに大半は内定しているということを意味する場合が多い。

3. 社内の雰囲気

社員の話し方，その内容を耳にはさむだけでも，社風が伝わってくる。

4. 面談の様子

何時間も待たせたあげくに，きわめて事務的に，しかも投げやりな質問しかしないような採用担当者である場合，この会社は人事が適正に行われていないということだから，一考したほうがよい。

 説明会での質問項目

・質問内容が抽象的でなく，具体性のあるものかどうか。
・質問内容は，現在の社会・経済・政治などの情況を踏まえた，大学生らしい高度で専門性のあるものか。
・質問をするのはいいが，「それでは，あなたの意見はどうか」と逆に聞かれたとき，自分なりの見解が述べられるものであるか。

提出する書類は6種類。①〜③が大学に申請する書類，④〜⑥が自分で書く書類だ。大学に申請する書類は一度に何枚も入手しておこう。

①「卒業見込証明書」

②「成績証明書」

③「健康診断書」

④「履歴書」

⑤「エントリーシート」

⑥「会社説明会アンケート」

■自分で書く書類は「自己PR」

第1次面接に進めるか否かは「自分で書く書類」の出来にかかっている。「履歴書」と「エントリーシート」は会社説明会に行く前に準備しておくもの。「会社説明会アンケート」は説明会の際に書き，その場で提出する書類だ。

01 履歴書とエントリーシートの違い

Webエントリーを受け付けている企業に資料請求をすると，資料と一緒に「エントリーシート」が送られてくるので，応募サイトのフォームやメールでエントリーシートを送付する。Webエントリーを行っていない企業には，ハガキやメールで資料請求をする必要があるが，「エントリーシート」は履歴書とは異なり，企業が設定した設問に対して回答するもの。すなわちこれが「1次試験」であり，これにパスをした人だけが会社説明会に呼ばれる。

02 記入の際の注意点

■字はていねいに

字を書くところから，その企業に対する"本気度"は測られている。

■誤字，脱字は厳禁

使用するのは，黒のインク。

■修正液使用は不可

■数字は算用数字

■自分の広告を作るつもりで書く

自分はこういう人間であり，何がしたいかということを簡潔に書く。メリットになることだけで良い。自分に損になるようなことを書く必要はない。

■「やる気」を示す具体的なエピソードを

「私はやる気があります」「私は根気があります」という抽象的な表現だけではNG。それを示すエピソードのようなものを書かなくては意味がない。

─Point─

自己紹介欄の項目はすべて「自己PR」。自分はこういう人間であることを印象づけ，それがさらに企業への「志望動機」につながっていくような書き方をする。

---

column　履歴書やエントリーシートは，共通でもいい？

「履歴書」や「エントリーシート」は企業によって書き分ける。業種はもちろん，同じ業界の企業であっても求めている人材が違うからだ。各書類は提出前にコピーを取り，さらに出した企業名を忘れずに書いておくことも大切だ。

▐▌ 履歴書記入のPoint

写真	スナップ写真は不可。 スーツ着用で，胸から上の物を使用する。ポイントは「清潔感」。 氏名・大学名を裏書きしておく。
日付	郵送の場合は投函する日，持参する場合は持参日の日付を記入する。
生年月日	西暦は避ける。元号を省略せずに記入する。
氏名	戸籍上の漢字を使う。印鑑押印欄があれば忘れずに押す。
住所	フリガナ欄がカタカナであればカタカナで，平仮名であれば平仮名で記載する。
学歴	最初の行の中央部に「学□□歴」と2文字程度間隔を空けて，中学校卒業から大学（卒業・卒業見込み）まで記入する。 中途退学の場合は，理由を簡潔に記載する。留年は記入する必要はない。 職歴がなければ，最終学歴の一段下の行の右隅に，「以上」と記載する。
職歴	最終学歴の一段下の行の中央部に「職□□歴」と2文字程度間隔を空け記入する。 「株式会社」や「有限会社」など，所属部門を省略しないで記入する。 「同上」や「〃」で省略しない。 最終職歴の一段下の行の右隅に，「以上」と記載する。
資格・免許	4級以下は記載しない。学習中のものも記載して良い。 「普通自動車第一種運転免許」など，省略せずに記載する。
趣味・特技	具体的に（例：読書でもジャンルや好きな作家を）記入する。
志望理由	その企業の強みや良い所を見つけ出したうえで，「自分の得意な事」がどう活かせるかなどを考えぬいたものを記入する。
自己PR	応募企業の事業内容や職種にリンクするような，自分の経験やスキルなどを記入する。
本人希望欄	面接の連絡方法，希望職種・勤務地などを記入する。「特になし」や空白はNG。
家族構成	最初に世帯主を書き，次に配偶者，それから家族を祖父母，兄弟姉妹の順に。続柄は，本人から見た間柄。兄嫁は，義姉と書く。
健康状態	「良好」が一般的。

01 エントリーシートの目的

・応募者を，決められた採用予定者数に絞り込むこと

・面接時の資料にする

の2つ。

■知りたいのは職務遂行能力

採用担当者が学生を見る場合は,「こいつは与えられた仕事をこなせるかどうか」という目で見ている。企業に必要とされているのは仕事をする能力なのだ。

Point

> 質問に忠実に，"自分がいかにその会社の求める人材に当てはまるか"を
> 丁寧に答えること。

02 効果的なエントリーシートの書き方

■情報を伝える書き方

課題をよく理解していることを相手に伝えるような気持ちで書く。

■文章力

大切なのは全体のバランスが取れているか。書く前に，何をどれくらいの字数で収めるか計算しておく。

「起承転結」でいえば，「起」は，文章を起こす導入部分。「承」は，起を受けて，その提起した問題に対して承認を求める部分。「転」は，自説を展開する部分。もっともオリジナリティが要求される。「結」は，最後の締めの結論部分。文章の構成・まとめる力で，総合的な能力が高いことをアピールする。

エントリーシートでよく取り上げられる題材と，その出題意図

エントリーシートで求められるものは，「自己PR」「志望動機」「将来どうなりたいか（目指すこと）」の3つに大別される。

1.「自己PR」

自己分析にしたがって作成していく。重要なのは，「なぜそうしようと思ったか？」「○○をした結果，何が変わったのか？何を得たのか？」という"連続性"が分かるかどうかがポイント。

2.「志望動機」

自己PRと一貫性を保ち，業界志望理由と企業志望理由を差別化して表現するように心がける。志望する業界の強みと弱み，志望企業の強みと弱みの把握は基本。

3.「将来の展望」

どんな社員を目指すのか，仕事へはどう臨もうと思っているか，目標は何か，などが問われる。仕事内容を事前に把握しておくだけでなく，5年後の自分，10年後の自分など，具体的な将来像を描いておくことが大切。

表現力，理解力のチェックポイント

❏ 文法，語法が正しいかどうか

❏ 論旨が論理的で一貫しているかどうか

❏ 1センテンスが簡潔かどうか

❏ 表現が統一されているかどうか（「です，ます」調か「だ，である」調か）

01 個人面接

●自由面接法

面接官と受験者のキャラクターやその場の雰囲気，質問と応答の進行具合などによって雑談形式で自由に進められる。

●標準面接法

自由面接法とは逆に，質問内容や評価の基準などがあらかじめ決まっている。実際には自由面接法と併用で，おおまかな質問事項や判定基準，評価ポイントを決めておき，質疑応答の内容上の制限を緩和しておくスタイルが一般的。1次面接などでは標準面接法をとり，2次以降で自由面接法をとる企業も多い。

●非指示面接法

受験者に自由に発言してもらい，面接官は話題を引き出したりするときなど，最小限の質問をするという方法。

●圧迫面接法

わざと受験者の精神状態を緊張させ，受験者がどのような応答をするかを観察し，判定する。受験者は，冷静に対応することが肝心。

02 集団面接

面接の方法は個人面接と大差ないが，面接官がひとつの質問をして，受験者が順にそれに答えるという方法と，面接官が司会役になって，座談会のような形式で進める方法とがある。

座談会のようなスタイルでの面接は，なるべく受験者全員が関心をもっているような話題を取りあげ，意見を述べさせるという方法。この際，司会役以外の面接官は一言も発言せず，判定・評価に専念する。

グループディスカッション（以下，GD）の時間は30～60分程度，1グループの人数は5～10人程度で，司会は面接官が行う場合や，時間を決めて学生が交替で行うことが多い。面接官は内容については特に指示することはなく，受験者がどのようにGDを進めるかを観察する。

評価のポイントは，全体的には理解力，表現力，指導性，積極性，協調性など，個別的には性格，知識，適性などが観察される。

GDの特色は，集団の中での個人ということで，受験者の能力がどの程度のものであるか，また，どのようなことに向いているかを判定できること。受験者は，グループの中における自分の位置を面接官に印象づけることが大切だ。

グループディスカッション方式の面接におけるチェックポイント

- ❑全体の中で適切な論点を提供できているかどうか。
- ❑問題解決に役立つ知識を持っているか，また提供できているかどうか。
- ❑もつれた議論を解きほぐし，的はずれの議論を元に引き戻す努力をしているかどうか。
- ❑グループ全体としての目標をいつも考えているかどうか。
- ❑感情的な対立や攻撃をしかけているようなことはないか。
- ❑他人の意見に耳を傾け，よい意見には賛意を表し，それを全体に推し広げようという寛大さがあるかどうか。
- ❑議論の流れを自然にリードするような主導性を持っているかどうか。
- ❑提出した意見が議論の進行に大きな影響を与えているかどうか。

04 面接時の注意点

●控え室

控え室には，指定された時間の15分前には入室しよう。そこで担当の係から，面接に際しての注意点や手順の説明が行われるので，疑問点は積極的に聞くようにし，心おきなく面接にのぞめるようにしておこう。会社によっては，所定のカードに必要事項を書き込ませたり，お互いに自己紹介をさせたりする場合もある。また，この控え室での行動も細かくチェックして，合否の資料にしている会社もある。

●入室・面接開始

係員がドアの開閉をしてくれる場合もあるが，それ以外は軽くノックして入室し，必ずドアを閉める。そして入口近くで軽く一礼し，面接官か補助員の「どうぞ」という指示で正面の席に進み，ここで再び一礼をする。そして，学校名と氏名を名のって静かに着席する。着席時は，軽く椅子にかけるようにする。

●面接終了と退室

面接の終了が告げられたら，椅子から立ち上がって一礼し，椅子をもとに戻して，面接官または係員の指示を受けて退室する。

その際も，ドアの前で面接官のほうを向いて頭を下げ，静かにドアを開閉する。控え室に戻ったら，係員の指示を受けて退社する。

05 面接試験の評定基準

●協調性

企業という「集団」では，他人との協調性が特に重視される。

感情や態度が円満で調和がとれていること，極端に好悪の情が激しくなく，物事の見方や考え方が穏健で中立であることなど，職場での人間関係を円滑に進めていくことのできる人物かどうかが評価される。

●話し方

外観印象的には，言語の明瞭さや応答の態度そのものがチェックされる。小さな声で自信のない発言，乱暴野卑な発言は減点になる。

考えをまとめたら，言葉を選んで話すくらいの余裕をもって，真剣に応答しようとする姿勢が重視される。軽率な応答をしたり，まして発言に矛盾を指摘されるような事態は極力避け，もしそのような状況になりそうなときは，自分の非を認めてはっきりと謝るような態度を示すべき。

●好感度

実社会においては，外観による第一印象が，人間関係や取引に大きく影響を及ぼす。

「フレッシュな爽やかさ」に加え，入社志望など，自分の意思や希望をより明確にすることで，強い信念に裏づけられた姿勢をアピールできるよう努力したい。

●判断力

何を質問されているのか，何を答えようとしているのか，常に冷静に判断していく必要がある。

●表現力

話に筋道が通り理路整然としているか，言いたいことが簡潔に言えるか，話し方に抑揚があり聞く者に感銘を与えるか，用語が適切でボキャブラリーが豊富かどうか。

●積極性

活動意欲があり，研究心旺盛であること，進んで物事に取り組み，創造的に解決しようとする意欲が感じられること，話し方にファイトや情熱が感じられること，など。

●計画性

見通しをもって順序よく合理的に仕事をする性格かどうか，またその能力の有無。企業の将来性のなかに，自分の将来をどうかみ合わせていこうとしているか，現在の自分を出発点として，何を考え，どんな仕事をしたいのか。

●安定性

情緒の安定は，社会生活に欠くことのできない要素。自分自身をよく知っているか，他の人に流されない信念をもっているか。

●誠実性

自分に対して忠実であろうとしているか，物事に対してどれだけ誠実な考え方をしているか。

●社会性

企業は集団活動なので，自分の考えに固執したり，不平不満が多い性格は向かない。柔軟で適応性があるかどうか。

清潔感や明朗さ，若々しさといった**外観面も重視される**。

06 面接試験の質問内容

1. 志望動機

受験先の概要や事業内容はしっかりと頭の中に入れておく。また，その企業の企業活動の社会的意義と，自分自身の志望動機との関連を明確にしておく。「安定している」「知名度がある」「将来性がある」といった利己的な動機，「自

分の性格に合っている」というような，あいまいな動機では説得力がない。安定性や将来性は，具体的にどのような企業努力によって支えられているのかという考察も必要だし，それに対する受験者自身の評価や共感なども問われる。

①どうしてその業種なのか

②どうしてその企業なのか

③どうしてその職種なのか

以上の①〜③と，自分の性格や資質，専門などとの関連性を説明できるようにしておく。

自分がどうしてその会社を選んだのか，どこに大きな魅力を感じたのかを，できるだけ具体的に，情熱をもって語ることが重要。自分の長所と仕事の適性を結びつけてアピールし，仕事のやりがいや仕事に対する興味を述べるのもよい。

■複数の企業を受験していることは言ってもいい？

同じ職種，同じ業種で何社かかけもちしている場合，正直に答えてもかまわない。しかし，「第一志望はどこですか」というような質問に対して，正直に答えるべきかどうかというと，やはりこれは疑問がある。どんな会社でも，他社を第一志望にあげられれば，やはり愉快には思わない。

また，職種や業種の異なる会社をいくつか受験する場合も同様で，極端に性格の違う会社をあげれば，その矛盾を突かれるのは必至だ。

2. 仕事に対する意識・職業観

採用試験の段階では，次年度の配属予定が具体的に固まっていない会社もかなりある。具体的に職種や部署などを細分化して募集している場合は別だが，そうでない場合は，希望職種をあまり狭く限定しないほうが賢明。どの業界においても，採用後，新入社員には，研修としてその会社の各セクションをひと通り経験させる企業は珍しくない。そのうえで，具体的な配属計画を検討するのだ。

大切なことは，就職や職業というものを，自分自身の生き方の中にどう位置づけるか，また，自分の生活の中で仕事とはどういう役割を果たすのかを考えてみること。つまり自分の能力を活かしたい，社会に貢献したい，自分の存在価値を社会的に実現してみたい，ある分野で何か自分の力を試してみたい……，などの場合を考え，それを自分自身の人生観，志望職種や業種などとの関係を考えて組み立ててみる。自分の人生観をもとに，それを自分の言葉で表現できるようにすることが大切。

3. 自己紹介・自己PR

性格そのものを簡単に変えたり，欠点を克服したりすることは実際には難しいが，"仕方がない"という姿勢を見せることは禁物で，どんなささいなことでも，努力している面をアピールする。また一般的にいって，専門職を除けば，就職時になんらかの資格や技能を要求する企業は少ない。

ただ，資格をもっていれば採用に有利とは限らないが，専門性を要する業種では考慮の対象とされるものもある。たとえば英検，簿記など。

企業が学生に要求しているのは，4年間の勉学を重ねた学生が，どのように仕事に有用であるかということで，学生の知識や学問そのものを聞くのが目的ではない。あくまで，社会人予備軍としての謙虚さと素直さを失わないようにする。

知識や学力よりも，その人の人間性，ビジネスマンとしての可能性を重視するからこそ，面接担当者は，学生生活全般について尋ねることで，書類だけでは分からない人間性を探ろうとする。

何かうち込んだものや思い出に残る経験などは，その人の人間的な成長になんらかの作用を及ぼしているものだ。どんな経験であっても，そこから受けた印象や教訓などは，明確に答えられるようにしておきたい。

4. 一般常識・時事問題

一般常識・時事問題については筆記試験の分野に属するが，面接でこうしたテーマがもち出されることも珍しくない。受験者がどれだけ社会問題に関心をもっているか，一般常識をもっているか，また物事の見方・考え方に偏りがないかなどを判定する。知識や教養だけではなく，一問一答の応答を通じて，その人の性格や適応能力まで判断されることになる。

07 面接に向けての事前準備

■面接試験1カ月前までには万全の準備をととのえる

●志望会社・職種の研究

新聞の経済欄や経済雑誌などのほか，会社年鑑，株式情報など書物による研究をしたり，インターネットにあがっている企業情報や，検索によりさまざまな角度から調べる。すでにその会社へ就職している先輩や知人に会って知識を得たり，大学のキャリアセンターへ情報を求めるなどして総合的に判断する。

■専攻科目の知識・卒論のテーマなどの整理

大学時代にどれだけ勉強してきたか，専攻科目や卒論のテーマなどを整理しておく。

■**時事問題に対する準備**

毎日欠かさず新聞を読む。志望する企業の話題は，就職ノートに整理するなどもアリ。

面接当日の必需品

☐必要書類（履歴書，卒業見込証明書，成績証明書，健康診断書，推薦状）
☐学生証
☐就職ノート（志望企業ファイル）
☐印鑑，朱肉
☐筆記用具（万年筆，ボールペン，サインペン，シャープペンなど）
☐手帳，ノート
☐地図（訪問先までの交通機関などをチェックしておく）
☐現金（小銭も用意しておく）
☐腕時計（オーソドックスなデザインのもの）
☐ハンカチ，ティッシュペーパー
☐くし，鏡（女性は化粧品セット）
☐シューズクリーナー
☐ストッキング
☐折りたたみ傘（天気予報をチェックしておく）
☐携帯電話，充電器

理論編
STEP6　筆記試験の種類

■一般常識試験

Point

社会人として企業活動を行ううえで最低限必要となる一般常識のほか，
英語，国語，社会(時事問題)，数学などの知識の程度を確認するもの。

　難易度はおおむね中学・高校の教科書レベル。一般常識の問題集を1冊やっ
ておけばよいが，業界によっては専門分野が出題されることもあるため，必ず
志望する企業のこれまでの試験内容は調べておく。

■一般常識試験の対策

・英語　慣れておくためにも，教科書を復習する，英字新聞を読むなど。

・国語　漢字，四字熟語，反対語，同音異義語，ことわざをチェック。

・時事問題　新聞や雑誌，テレビ，ネットニュースなどアンテナを張っておく。

■適性検査

　SPI（Synthetic Personality Inventory）試験（SPI3試験）とも呼ばれ，能力
テストと性格テストを合わせたもの。

　能力テストでは国語能力を測る「言語問題」と，数学能力を測る「非言語問題」
がある。言語的能力，知覚能力，数的能力のほか，思考・推理能力，記憶力，
注意力などの問題で構成されている。

　性格テストは「はい」か「いいえ」で答えていく。仕事上の適性と性格の傾向
などが一致しているかどうかをみる。

Point

SPIは職務への適応性を客観的にみるためのもの。

01 「論文」と「作文」

　一般に「論文」はあるテーマについて自分の意見を述べ，その論証をする文章で，必ず意見の主張とその論証という2つの部分で構成される。問題提起と論旨の展開，そして結論を書く。

　「作文」は，一般的には感想文に近いテーマ，たとえば「私の興味」「将来の夢」といったものがある。

　就職試験では「論文」と「作文」を合わせた"論作文"とでもいうようなものが出題されることが多い。

　論作文試験とは，「文章による面接」。テーマに書き手がどういう態度を持っているかを知ることが，出題の主な目的だ。受験者の知識・教養・人生観・社会観・職業観，そして将来への希望などが，どのような思考を経て，どう表現されているかによって，企業にとって，必要な人物かどうかを判断している。

　論作文の場合には，書き手の社会的意識や考え方に加え，「感銘を与える」働きが要求される。就職活動とは，企業に対し「自分をアピールすること」だということを常に念頭に置いておきたい。

Point

論文と作文の違い

	論　文	作　文
テーマ	学術的・社会的・国際的なテーマ。時事，経済問題など	個人的・主観的なテーマ。人生観，職業観など
表現	自分の意見や主張を明確に述べる。	自分の感想を述べる。
展開	四段型（起承転結）の展開が多い。	三段型（はじめに・本文・結び）の展開が多い。
文体	「だ調・である調」のスタイルが多い。	「です調・ます調」のスタイルが多い。

02 採点のポイント

・テーマ

与えられた課題（テーマ）を，受験者はどのように理解しているか。

出題されたテーマの意義をよく考え，それに対する自分の意見や感情が，十分に整理されているかどうか。

・表現力

課題について本人が感じたり，考えたりしたことを，文章で的確に表しているか。

・字・用語・その他

かなづかいや送りがなが合っているか，文中で引用されている格言やことわざの類が使用法を間違えていないか，さらに誤字・脱字に至るまで，文章の基本的な力が受験者の人柄ともからんで厳密に判定される。

・オリジナリティ

魅力がある文章とは，オリジナリティを率直に出すこと。自分の感情や意見を，自分の言葉で表現する。

・生活態度

文章は，書き手の人格や人柄を映し出す。平素の社会的関心や他人との協調性，趣味や読書傾向はどうであるかといった，受験者の日常における生き方，生活態度がみられる。

・字の上手・下手

できるだけ読みやすい字を書く努力をする。また，制限字数より文章が長くなって原稿用紙の上下や左右の空欄に書き足したりすることは避ける。消しゴムで消す場合にも，丁寧に。

いずれの場合でも，表面的な文章力を問うているのではなく，受験者の人柄のほうを重視している。

実践編 マナーチェックリスト

就活において企業の人事担当は，面接試験やOG／OB訪問，そして面接試験において，あなたのマナーや言葉遣いといった，「常識力」をチェックしている。現在の自分はどのくらい「常識力」が身についているかをチェックリストで振りかえり，何ができて，何ができていないかを明確にしたうえで，今後の取り組みに生かしていこう。

評価基準　5：大変良い　4：やや良い　3：どちらともいえない　2：やや悪い　1：悪い

	項　目	評　価	メ　モ
挨拶	明るい笑顔と声で挨拶をしているか		
	相手を見て挨拶をしているか		
	相手より先に挨拶をしているか		
	お辞儀を伴った挨拶をしているか		
	直接の応対者でなくても挨拶をしているか		
表情	笑顔で応対しているか		
	表情に私的感情がでていないか		
	話しかけやすい表情をしているか		
	相手の話は真剣な顔で聞いているか		
身だしなみ	前髪は目にかかっていないか		
	髪型は乱れていないか／長い髪はまとめているか		
	髭の剃り残しはないか／化粧は健康的か		
	服は汚れていないか／清潔に手入れされているか		
	機能的で職業・立場に相応しい服装をしているか		
	華美なアクセサリーはつけていないか		
	爪は伸びていないか		
	靴下の色は適当か／ストッキングの色は自然な肌色か		
	靴の手入れは行き届いているか		
	ポケットに物を詰めすぎていないか		

項　目		評　価	メ　モ
言葉遣い	専門用語を使わず，相手にわかる言葉で話しているか		
	状況や相手に相応しい敬語を正しく使っているか		
	相手の聞き取りやすい音量・速度で話しているか		
	語尾まで丁寧に話しているか		
	気になる言葉癖はないか		
動作	物の授受は両手で丁寧に実施しているか		
	案内・指し示し動作は適切か		
	キビキビとした動作を心がけているか		
心構え	勤務時間・指定時間の5分前には準備が完了しているか		
	心身ともに健康管理をしているか		
	仕事とプライベートの切替えができているか		

☑ 常に自己点検をするクセをつけよう

「人を表情やしぐさ，身だしなみなどの見かけで判断してはいけない」と一般にいわれている。確かに，人の個性は見かけだけではなく，内面においても見いだされるもの。しかし，私たちは人を第一印象である程度決めてしまう傾向がある。それが面接試験など初対面の場合であればなおさらだ。したがって，チェックリストにあるような挨拶，表情，身だしなみ等に注意して面接試験に臨むことはとても重要だ。ただ，これらは面接試験前にちょっと対策したからといって身につくようなものではない。付け焼き刃的な対策をして面接試験に臨んでも，面接官はあっという間に見抜いてしまう。日頃からチェックリストにあるような項目を意識しながら行動することが大事であり，そうすることで，最初はぎこちない挨拶や表情等も，その人の個性に応じたすばらしい所作へ変わっていくことができるのだ。さっそく，本日から実行してみよう。

面接試験において，印象を決定づける表情はとても大事。
どのようにすれば感じのいい表情ができるのか，ポイントを確認していこう。

明るく，温和で 柔らかな表情をつくろう

人間関係の潤滑油

表情に関しては，まずは豊かである
ということがベースになってくる。う
れしい表情，困った表情，驚いた表
情など，さまざまな気持ちを表現で
きるということが，人間関係を潤いの
あるものにしていく。

Point

　表情はコミュニケーションの大前提。相手に「いつでも話しかけてくださ
いね」という無言の言葉を発しているのが，就活に求められる表情だ。面接
官が安心してコミュニケーションをとろうと思ってくれる表情。それが，明
るく，温和で柔らかな表情となる。

いますぐデキる
カンタンTraining

Training 01

喜怒哀楽を表してみよう

- 人との出会いを楽しいと思うことが表情の基本
- 表情を豊かにする大前提は相手の気持ちに寄り添うこと
- 目元・口元だけでなく，眉の動きを意識することが大事

Training 02

表情筋のストレッチをしよう

- 表情筋は「ウイスキー」の発音によって鍛える
- 意識して毎日，取り組んでみよう
- 笑顔の共有によって相手との距離が縮まっていく

コミュニケーションは挨拶から始まり，その挨拶ひとつで印象は変わるもの。ポイントを確認していこう。

丁寧にしっかりと
はっきり挨拶をしよう

人間関係の第一歩

挨拶は心を開いて，相手に近づくコミュニケーションの第一歩。たかが挨拶，されど挨拶の重要性をわきまえて，きちんとした挨拶をしよう。形，つまり"技"も大事だが，心をこめることが最も重要だ。

Point

　挨拶はコミュニケーションの第一歩。相手が挨拶するのを待っているのは望ましくない。挨拶の際のポイントは丁寧であることと，はっきり声に出すことの2つ。丁寧な挨拶は，相手を大事にして迎えている気持ちの表れとなる。はっきり声に出すことで，これもきちんと相手を迎えていることが伝わる。また，相手もその応答として挨拶してくれることで，会ってすぐに双方向のコミュニケーションが成立する。

いますぐデキる
カンタンTraining

Training 01

３つのお辞儀をマスターしよう

① 会釈（15度）　　　　② 敬礼（30度）　　　　③ 最敬礼（45度）

・息を吸うことを意識してお辞儀をするとキレイな姿勢に
・目線は真下ではなく，床前方1.5m先ぐらいを見よう
・相手への敬意を忘れずに

Training 02

対面時は言葉が先，お辞儀が後

・相手に体を向けて先に自ら挨拶をする
・挨拶時，相手とアイコンタクトを
　しっかり取ろう
・挨拶の後に，お辞儀をする。
　これを「語先後礼」という

コミュニケーションは「話す」よりも「聞く」ことといわれる。相手が話しやすい聞き方の，ポイントを確認しよう。

受容の立場で
傾聴しよう

相手の話を受けとめる

話を聞くときは，やや前に傾く姿勢をとる。表情と姿勢が合わさることにより，話し手の心が開き「あれも，これも話そう」という気持ちになっていく。また，「はい」と一度のお辞儀で頷くと相手の話を受け止めているというメッセージにつながる。

Point

　話をすること，話を聞いてもらうことは誰にとってもプレッシャーを伴うもの。そのため，「何でも話して良いんですよ」「何でも話を聞きますよ」「心配しなくて良いんですよ」という気持ちで聞くことが大切になる。その気持ちが聞く姿勢に表れれば，相手は安心して話してくれる。

カンタンTraining

Training 01
頷きは一度で

- 相手が話した後に「はい」と
  一言発する
- 頷きすぎは逆効果

Training 02
目線は自然に

- 鼻の付け根あたりを見ると
  自然な印象に
- 目を見つめすぎるのはNG

Training 03
話の句読点で視線を移す

- 視線は話している人を見ることが基本
- 複数の人の話を聞くときは句読点を意識し，
  視線を振り分けることで聞く姿勢を表す

伝わる話し方

自分の意思を相手に明確に伝えるためには，話し方が重要となる。はっきりと的確に話すためのポイントを確認しよう。

明るい発声を
心がけよう

ボリュームを意識して

話すときのポイントとしては，ボリュームを意識することが挙げられる。会議室の一番奥にいる人に声が届くように意識することで，声のボリュームはコントロールされていく。

Point

　コミュニケーションとは「伝達」すること。どのようなことも，適当に伝えるのではなく，伝えるべきことがきちんと相手に届くことが大切になる。そのためには，はっきりと，分かりやすく，丁寧に，心を込めて話すこと。言葉だけでなく，表情やジェスチャーを加えることも有効。

いますぐデキる
カンタンTraining

Training **01**

腹式呼吸で発声練習

- 「あえいうえおあお」と発声する
- 腹式呼吸は，胸部をなるべく動かさずに，息を吸うときにお腹や腰が膨らむよう意識する呼吸法

Training **02**

早口言葉にチャレンジ

おあやや
母親に
お謝り

- 「おあやや，母親に，お謝り」と早口で
- 口がすぼまった「お」と口が開いた「あ」の発音に，変化をつけられるかがポイント

Training **03**

ジェスチャーを有効活用

- 腰より上でジェスチャーをする
- 体から離した位置に手をもっていく
- ジェスチャーをしたら戻すところをさだめておく

身だしなみはその人自身を表すもの。身だしなみの基本について，ポイントを
確認しよう。

清潔感,さわやかさを
醸し出せるようにしよう

プロの企業人に
ふさわしい身だしなみを

信頼感，安心感をもたれる身だしな
みを考えよう。TPOに合わせた服装は，
すなわち"礼"を表している。そして，
身だしなみには，「清潔感」，「品のよさ」，
「控え目である」という，3つのポイ
ントがある。

Point

相手との心理的な距離や物理的な距離が遠ければ，コミュニケーションは
成立しにくくなる。見た目が不潔では誰も近付いてこない。身だしなみが
清潔であること，爽やかであることは相手との距離を縮めることにも繋がる。

いますぐデキる
カンタンTraining

Training 01

髪型，服装を整えよう

3分の1は額が見えるように

・男性も女性も眉が見える髪型が望ましい。3分の1は額が見えるように。額は知性と清潔感を伝える場所。男性の髪の長さは耳や襟にかからないように
・スーツで相手の前に立つときは，ボタンはすべて留める。男性の場合は下のボタンは外す

Training 02

おしゃれとの違いを明確に

・爪はできるだけ切りそろえる
・爪の中の汚れにも注意
・ジェルネイル，ネイルアートはNG

Training 03

足元にも気を配って

・女性の場合はパンプス，男性の場合は黒の紐靴が望ましい
・靴はこまめに汚れを落とし見栄えよく

姿勢

姿勢にはその人の意欲が反映される。前向き，活動的な姿勢を表すにはどうしたらよいか，ポイントを確認しよう。

前向き,活動的な姿勢を維持しよう

一直線と左右対称

正しい立ち姿として，耳，肩，腰，くるぶしを結んだ線が一直線に並んでいることが最大のポイントになる。そのラインが直線に近づくほど立ち姿がキレイに整っていることになる。また，"左右対称"というのもキレイな姿勢の要素のひとつになる。

Point

姿勢は，身体と心の状態を反映するもの。そのため，良い姿勢でいることは，印象が清々しいだけでなく，健康で元気そうに見え，話しかけやすさにも繋がる。歩く姿勢，立つ姿勢，座る姿勢など，どの場面にも心身の健康状態が表れるもの。日頃から心身の健康状態に気を配り，フィジカルとメンタル両面の自己管理を心がけよう。

いますぐデキる
カンタンTraining

Training 01

キレイな歩き方を心がけよう

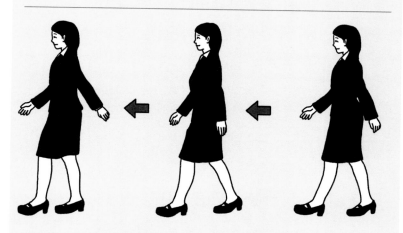

- 女性は1本の線上を，男性はそれよりも太い線上を沿うように歩く
- 一歩踏み出したときに前の足に体重を乗せるように，腰から動く
- 12時の方向につま先をもっていく

Training 02

前向きな気持ちを持とう

- 常に前向きな気持ちが姿勢を正す
- ポジティブ思考を心がけよう

言葉遣いの正しさはとは，場面にあった言葉を遣うということ。相手を気づかいながら，言葉を選ぶことで，より正しい言葉に近づいていく。

相手と場面に合わせた
ふさわしい言葉遣いを

次の文は接客の場面でよくある間違えやすい敬語です。
それぞれの言い方は○×どちらでしょうか。

問1「資料をご拝読いただきありがとうございます」

問2「こちらのパンフレットはもういただかれましたか？」

問3「恐れ入りますが，こちらの用紙にご記入してください」

問4「申し訳ございませんが，来週，休ませていただきます」

問5「先ほどの件，帰りましたら上司にご報告いたしますので」

Point

　ビジネスのシーンに敬語は欠くことができない。何度もやり取りをしていく中で，親しさの度合いによっては，あえてくだけた表現を用いることもあるが，「親しき仲にも礼儀あり」と言われるように，敬意や心づかいをおろそかにしてはいけないもの。相手に誤解されたり，相手の気分を壊すことのないように，相手や場面にふさわしい言葉遣いが大切になる。

解答と解説

問1 （×）　○正しい言い換え例
→「ご覧いただきありがとうございます」など

「拝読」は自分が「読む」意味の謙譲語なので，相手の行為に使うのは誤り。読むと見るは同義なため，多く，見るの尊敬語「ご覧になる」が用いられる。

問2 （×）　○正しい言い換え例
→「お持ちですか」「お渡ししましたでしょうか」　など

「いただく」は，食べる・飲む・もらうの謙譲語。「もらったかどうか」と聞きたいのだから，「おもらいになりましたか」と言えないこともないが，持っているかどうか，受け取ったかどうかという意味で「お持ちですか」などが使われることが多い。また，自分側が渡すような場合は，「お渡しする」を使って「お渡ししましたでしょうか」などの言い方に換えることもできる。

問3 （×）　○正しい言い換え例
→「恐れ入りますが，こちらの用紙にご記入ください」など

「ご記入する」の「お（ご）〜する」は謙譲語の形。相手の行為を謙譲語で表すことになるため誤り。「して」を取り除いて「ご記入ください」か，和語に言い換えて「お書きください」とする。ほかにも「お書き／ご記入・いただけますでしょうか・願います」などの表現もある。

問4 （△）

有給休暇を取る場合や，弔事等で休むような場面で，用いられることも多い。「休ませていただく」ということで一見丁寧に響くが，「来週休むと自分で休みを決めている」という勝手な表現にも受け取られかねない言葉だ。ここは同じ「させていただく」を用いても，相手の都合をうかがう言い方に換えて「○○がございまして，申し訳ございませんが，休みをいただいてもよろしいでしょうか」などの言い換えが好ましい。

問5 （×）○正しい言い換え例
→「上司に報告いたします」

「ご報告いたします」は，ソトの人との会話で使うとするならば誤り。「ご報告いたします」の「お・ご〜いたす」は，「お・ご〜する」と「〜いたす」という2つの敬語を含む言葉。そのうちの「お・ご〜する」は，主語である自分を低めて相手＝上司を高める働きをもつ表現（謙譲語Ⅰ）。一方「〜いたす」は，主語の私を低めて，話の聞き手に対して丁重に述べる働きをもつ表現（謙譲語Ⅱ　丁重語）。「お・ご〜する」も「〜いたす」も同じ謙譲語であるため紛らわしいが，主語を低める（謙譲）という働きは同じでも，行為の相手を高める働きがあるかないかという点に違いがあるといえる。

就職活動のはじめかた　　191

敬語は正しく使用することで，相手の印象を大きく変えることができる。尊敬語，謙譲語の区別をはっきりつけて，誤った用法で話すことのないように気をつけよう。

言葉の使い方が
マナーを表す!

■よく使われる尊敬語の形　「言う・話す・説明する」の例

専用の尊敬語型	おっしゃる
～れる・～られる型	言われる・話される・説明される
お（ご）～になる型	お話しになる・ご説明になる
お（ご）～なさる型	お話しなさる・ご説明なさる

■よく使われる謙譲語の形　「言う・話す・説明する」の例

専用の謙譲語型	申す・申し上げる
お（ご）～する型	お話しする・ご説明する
お（ご）～いたす型	お話しいたします・ご説明いたします

Point

　同じ尊敬語・謙譲語でも，よく使われる代表的な形がある。ここではその一例をあげてみた。敬語の使い方に迷ったときなどは，まずはこの形を思い出すことで，大抵の語はこの型にはめ込むことができる。同じ言葉を用いたほうがよりわかりやすいといえるので，同義に使われる「言う・話す・説明する」を例に考えてみよう。

　ほかにも「お話しくださる」や「お話しいただく」「お元気でいらっしゃる」などの形もあるが，まずは表の中の形を見直そう。

■よく使う動詞の尊敬語・謙譲語

なお，尊敬語の中の「言われる」などの「れる・られる」を付けた形は省力している。

基本	尊敬語（相手側）	謙譲語（自分側）
会う	お会いになる	お目にかかる・お会いする
言う	おっしゃる	申し上げる・申す
行く・来る	いらっしゃる おいでになる お見えになる お越しになる お出かけになる	伺う・参る お伺いする・参上する
いる	いらっしゃる・おいでになる	おる
思う	お思いになる	存じる
借りる	お借りになる	拝借する・お借りする
聞く	お聞きになる	拝聴する 拝聞する お伺いする・伺う お聞きする
知る	ご存じ（知っているという意で）	存じ上げる・存じる
する	なさる	いたす
食べる・飲む	召し上がる・お召し上がりになる お飲みになる	いただく・頂戴する
見る	ご覧になる	拝見する
読む	お読みになる	拝読する

「お伺いする」「お召し上がりになる」などは，「伺う」「召し上がる」自体が敬語なので
「二重敬語」ですが，慣習として定着しており間違いではないもの。

―Point―

　上記の「敬語表」は，よく使うと思われる動詞をそれぞれ尊敬語・謙譲語
で表したもの。このように大体の言葉は型にあてはめることができる。言
葉の中には「お（ご）」が付かないものもあるが，その場合でも「～なさる」
を使って，「スピーチなさる」や「運営なさる」などと言うことができる。ま
た，表では，「言う」の尊敬語「言われる」の例は省いているが，れる・ら
れる型の「言われる」よりも「おっしゃる」「お話しになる」「お話しなさる」
などの言い方のほうが，より敬意も高く，言葉としても何となく響きが落ち
着くといった印象を受けるものとなる。

会話は相手があってのこと。いかなる場合でも，相手に対する心くばりを忘れないことが，会話をスムーズに進めるためのコツになる。

心くばりを添えるひと言で
言葉の印象が変わる!

　相手に何かを頼んだり，また相手の依頼を断ったり，相手の抗議に対して反論したりする場面では，いきなり自分の意見や用件を切り出すのではなく，場面に合わせて心くばりを伝えるひと言を添えてから本題に移ると，響きがやわらかくなり，こちらの意向も伝えやすくなる。俗にこれは「クッション言葉」と呼ばれている。(右表参照)

Point

　ビジネスの場面で，相手と話したり手紙やメールを送る際には，何か依頼事があってという場合が多いもの。その場合に「ちょっとお願いなんですが…」では，ふだんの会話と変わりがないものになってしまう。そこを「突然のお願いで恐れ入りますが」「急にご無理を申しまして」「こちらの勝手で恐縮に存じますが」「折り入ってお願いしたいことがございまして」などの一言を添えることで，直接的なきつい感じが和らぐだけでなく，「申し訳ないのだけれど，もしもそうしていただくことができればありがたい」という，相手への配慮や願いの気持ちがより強まる。このような前置きの言葉もうまく用いて，言葉に心くばりを添えよう。

相手の意向を尋ねる場合	「よろしければ」「お差し支えなければ」 「ご都合がよろしければ」「もしお時間がありましたら」 「もしお嫌いでなければ」「ご興味がおありでしたら」
相手に面倒を かけてしまうような場合	「お手数をおかけしますが」 「ご面倒をおかけしますが」 「お手を煩わせまして恐縮ですが」 「お忙しい時に申し訳ございませんが」 「お時間を割いていただき申し訳ありませんが」 「貴重なお時間を頂戴し恐縮ですが」
自分の都合を 述べるような場合	「こちらの勝手で恐縮ですが」 「こちらの都合（ばかり）で申し訳ないのですが」 「私どもの都合ばかりを申しまして，まことに申し訳なく存じますが」 「ご無理を申し上げまして恐縮ですが」
急な話をもちかけた場合	「突然のお願いで恐れ入りますが」 「急にご無理を申しまして」 「もっと早くにご相談申し上げるべきところでございましたが」 「差し迫ってのことでまことに申し訳ございませんが」
何度もお願いする場合	「たびたびお手数をおかけしまして恐縮に存じますが」 「重ね重ね恐縮に存じますが」 「何度もお手を煩わせまして申し訳ございませんが」 「ご面倒をおかけしてばかりで，まことに申し訳ございませんが」
難しいお願いをする場合	「ご無理を承知でお願いしたいのですが」 「たいへん申し上げにくいのですが」 「折り入ってお願いしたいことがございまして」
あまり親しくない相手に お願いする場合	「ぶしつけなお願いで恐縮ですが」 「ぶしつけながら」 「まことに厚かましいお願いでございますが」
相手の提案・誘いを断る場合	「申し訳ございませんが」 「（まことに）残念ながら」 「せっかくのご依頼ではございますが」 「たいへん恐縮ですが」 「身に余るお言葉ですが」 「まことに失礼とは存じますが」 「たいへん心苦しいのですが」 「お引き受けしたいのはやまやまですが」
問い合わせの場合	「つかぬことをうかがいますが」 「突然のお尋ねで恐縮ですが」

ここでは文章の書き方における，一般的な敬称について言及している。はがき，手紙，メール等，通信手段はさまざま。それぞれの特性をふまえて有効活用しよう。

相手の気持ちになって
見やすく美しく書こう

■敬称のいろいろ

敬称	使う場面	例
様	職名・役職のない個人	（例）飯田知子様／ご担当者様／経理部長　佐藤一夫様
殿	職名・組織名・役職のある個人（公用文など）	（例）人事部長殿／教育委員会殿／田中四郎殿
先生	職名・役職のない個人	（例）松井裕子先生
御中	企業・団体・官公庁などの組織	（例）○○株式会社御中
各位	複数あてに同一文書を出すとき	（例）お客様各位／会員各位

Point

　封筒・はがきの表書き・裏書きは縦書きが基本だが，洋封筒で親しい人にあてる場合は，横書きでも問題ない。いずれにせよ，定まった位置に，丁寧な文字でバランス良く，正確に記すことが大切。特に相手の住所や名前を乱雑な文字で書くのは，配達の際の間違いを引き起こすだけでなく，受け取る側に不快な思いをさせる。相手の気持ちになって，見やすく美しく書くよう心がけよう。

■各通信手段の長所と短所

	長所	短所	用途
封書	・封を開けなければ本人以外の目に触れることがない。 ・丁寧な印象を受ける。	・多量の資料・画像送付には不向き。 ・相手に届くまで時間がかかる。	・儀礼的な文書（礼状・わび状など） ・目上の人あての文書 ・重要な書類 ・他人に内容を読まれたくない文書
はがき・カード	・封書よりも気軽にやり取りできる。 ・年賀状や季節の便り，旅先からの連絡など絵はがきとしても楽しむことができる。	・封に入っていないため，第三者の目に触れることがある。 ・中身が見えるので，改まった礼状やわび状，こみ入った内容には不向き。 ・相手に届くまで時間がかかる。	・通知状　　　・案内状 ・送り状　　　・旅先からの便り ・各種お祝い　・お礼 ・季節の挨拶
FAX	・手書きの図やイラストを文章といっしょに送れる。 ・すぐに届く。 ・控えが手元に残る。	・多量の資料の送付には不向き。 ・事務的な用途で使われることが多く，改まった内容の文書，初対面の人へは不向き。	・地図，イラストの入った文書 ・印刷物（本・雑誌など）
電話	・急ぎの連絡に便利。 ・相手の反応をすぐに確認できる。 ・直接声が聞けるので，安心感がある。	・連絡できる時間帯が制限される。 ・長々としたこみ入った内容は伝えづらい。	・緊急の用件 ・確実に用件を伝えたいとき
メール	・瞬時に届く。　・控えが残る。 ・コストが安い。 ・大容量の資料や画像をデータで送ることができる。 ・一度に大勢の人に送ることができる。 ・相手の居場所や状況を気にせず送れる。	・事務的な印象を与えるので，改まった礼状やわび状には不向き。 ・パソコンや携帯電話を持っていない人には送れない。 ・ウィルスなどへの対応が必要。	・データで送りたいとき ・ビジネス上の連絡

Point

　はがきは手軽で便利だが，おわびやお願い，格式を重んじる手紙には不向きとなる。この種の手紙は内容もこみ入ったものとなり，加えて丁寧な文章で書かなければならないので，数行で済むことはまず考えられない。また，封筒に入っていないため，他人の目に触れるという難点もある。このように，はがきにも長所と短所があるため，使う場面や相手によって，他の通信手段と使い分けることが必要となる。

　はがき以外にも，封書・電話・ＦＡＸ・メールなど，現代ではさまざまな通信手段がある。上に示したように，それぞれ長所と短所があるので，特徴を知って用途によって上手に使い分けよう。

社会人のマナーとして，電話応対のスキルは必要不可欠。まずは失礼なく電話に出ることからはじめよう。積極性が重要だ。

相手の顔が見えない分
対応には細心の注意を

■電話をかける場合

① ○○先生に電話をする

× 「私，□□社の××と言いますが，○○様はおられますでしょうか？」

○ 「××と申しますが，○○様はいらっしゃいますか？」

「おられますか」は「おる」を謙譲語として使うため，通常は相手がいるかどうかに関しては，「いらっしゃる」を使うのが一般的。

② 相手の状況を確かめる

× 「こんにちは，××です，先日のですね…」

○ 「××です，先日は有り難うございました，今お時間よろしいでしょうか？」

相手が忙しくないかどうか，状況を聞いてから話を始めるのがマナー。また，やむを得ず夜間や早朝，休日などに電話をかける際は，「夜分（朝早く）に申し訳ございません」「お休みのところ恐れ入ります」などのお詫びの言葉もひと言添えて話す。

③ 相手が不在，何時ごろ戻るかを聞く場合

× 「戻りは何時ごろですか？」

○ 「何時ごろお戻りになりますでしょうか？」

「戻り」はそのままの言い方，相手にはきちんと尊敬語を使う。

④ また自分からかけることを伝える

× 「そうですか，ではまたかけますので」

○ 「それではまた後ほど（改めて）お電話させていただきます」

戻る時間がわかる場合は，「またお戻りになりましたころにでも」「また午後にでも」などの表現もできる。

■電話を受ける場合

①　電話を取ったら

×「はい，もしもし，○○（社名）ですが」
○「はい，○○（社名）でございます」

②　相手の名前を聞いて

×「どうも，どうも」
○「いつもお世話になっております」

　あいさつ言葉として定着している決まり文句ではあるが，日頃のお付き合いがあってこそ。あいさつ言葉もきちんと述べよう。「お世話様」という言葉も時折耳にするが，敬意が軽い言い方となる。適切な言葉を使い分けよう。

③　相手が名乗らない

×「どなたですか？」「どちらさまですか？」
○「失礼ですが，お名前をうかがってもよろしいでしょうか？」

　名乗るのが基本だが，尋ねる態度も失礼にならないように適切な応対を心がけよう。

④　電話番号や住所を教えてほしいと言われた場合

×「はい，いいでしょうか？」　　×「メモのご用意は？」
○「はい，申し上げます，よろしいでしょうか？」

　「メモのご用意は？」は，一見親切なようにも聞こえるが，尋ねる相手も用意していることがほとんど。押し付けがましくならない程度に。

⑤　上司への取次を頼まれた場合

×「はい，今代わります」　　×「○○部長ですね，お待ちください」
○「部長の○○でございますね，ただいま代わりますので，少々お待ちくださいませ」

　○○部長という表現は，相手側の言い方となる。自分側を述べる場合は，「部長の○○」「○○」が適切。

Point

　自分から電話をかける場合は，まずは自分の会社名や氏名を名乗るのがマナー。たとえ目的の相手が直接出た場合でも，電話では相手の様子が見えないことがほとんど。自分の勝手な判断で話し始めるのではなく，相手の都合を伺い，そのうえで話を始めるのが社会人として必要な気配りとなる。

デキるオトナをアピール
時候の挨拶

月	漢語調の表現 _{候、みぎりなどを付けて用いられます}	口語調の表現
1月 （睦月）	初春・新春　頌春・ 小寒・大寒・厳寒	皆様におかれましては，よき初春をお迎えのことと存じます／厳しい寒さが続いております／珍しく暖かな寒の入りとなりました／大寒という言葉通りの厳しい寒さでございます
2月 （如月）	春寒・余寒・残寒・ 立春・梅花・向春	立春とは名ばかりの寒さ厳しい毎日でございます／梅の花もちらほらとふくらみ始め，春の訪れを感じる今日この頃です／春の訪れが待ち遠しいこのごろでございます
3月 （弥生）	早春・浅春・春寒・ 春分・春暖	寒さもようやくゆるみ，日ましに春めいてまいりました／ひと雨ごとに春めいてまいりました／日増しに暖かさが加わってまいりました
4月 （卯月）	春暖・陽春・桜花・ 桜花爛漫	桜花爛漫の季節を迎えました／春光うららかな好季節となりました／花冷えとでも申しましょうか，何だか肌寒い日が続いております
5月 （皐月）	新緑・薫風・惜春・ 晩春・立夏・若葉	風薫るさわやかな季節を迎えました／木々の緑が目にまぶしいようでございます／目に青葉，山ほととぎす，初鰹の句も思い出される季節となりました
6月 （水無月）	梅雨・向暑・初夏・ 薄暑・麦秋	初夏の風もさわやかな毎日でございます／梅雨前線が近づいてまいりました／梅雨の晴れ間にのぞく青空は，まさに夏を思わせるようです
7月 （文月）	盛夏・大暑・炎暑・ 酷暑・猛暑	梅雨が明けたとたん，うだるような暑さが続いております／長い梅雨も明け，いよいよ本格的な夏がやってまいりました／風鈴の音がわずかに涼を運んでくれているようです
8月 （葉月）	残暑・晩夏・処暑・ 秋暑	立秋とはほんとうに名ばかりの厳しい暑さの毎日です／残暑たえがたい毎日でございます／朝夕はいくらかしのぎやすくなってまいりました
9月 （長月）	初秋・新秋・爽秋・ 新涼・清涼	九月に入りましてもなお，日差しの強い毎日です／暑さもやっとおとろえはじめたようでございます／残暑も去り，ずいぶんとしのぎやすくなってまいりました
10月 （神無月）	清秋・錦秋・秋涼・ 秋冷・寒露	秋風もさわやかな過ごしやすい季節となりました／街路樹の葉も日ごとに色を増しております／紅葉の便りの聞かれるころとなりました／秋深く，日増しに冷気も加わってまいりました
11月 （霜月）	晩秋・暮秋・霜降・ 初霜・向寒	立冬を迎え，まさに冬到来を感じる寒さです／木枯らしの季節になりました／日ごとに冷気が増すようでございます／朝夕はひときわ冷え込むようになりました
12月 （師走）	寒冷・初冬・師走・ 歳晩	師走を迎え，何かと慌ただしい日々をお過ごしのことと存じます／年の瀬も押しつまり，何かとお忙しくお過ごしのことと存じます／今年も残すところわずかとなりました，お忙しい毎日とお察しいたします

シチュエーション別会話例

シチュエーション1　取引先との会話

「非常に素晴らしいお話で感心しました」→NG！

「感心する」は相手の立派な行為や，優れた技量などに心を動かされるという意味。意味としては間違いではないが，目上の人に用いると，偉そうに聞こえかねない表現。「感動しました」などに言い換えるほうが好ましい。

シチュエーション2　子どもとの会話

「お母さんは，明日はいますか？」→NG！

たとえ子どもとの会話でも，子どもの年齢によっては，ある程度の敬語を使うほうが好ましい。「明日はいらっしゃいますか」では，むずかしすぎると感じるならば，「お出かけですか」などと表現することもできる。

シチュエーション3　同僚との会話

「今，お暇ですか」→NG？

同じ立場同士なので，暇に「お」が付いた形で「お暇」ぐらいでも構わないともいえるが，「暇」というのは，するべきことも何もない時間という意味。そのため「お暇ですか」では，あまりにも直接的になってしまう。その意味では「手が空いている」→「空いていらっしゃる」→「お手透き」などに言い換えることで，やわらかく敬意も含んだ表現になる。

シチュエーション4　上司との会話

「なるほどですね」→NG！

「なるほど」とは，相手の言葉を受けて，自分も同意見であることを表すため，相手の言葉・意見を自分が評価するというニュアンスも含まれている。そのため自分が評価して述べているという偉そうな表現にもなりかねない。同じ同意ならば，頷き「おっしゃる通りです」などの言葉のほうが誤解なく伝わる。

就活スケジュールシート

■年間スケジュールシート

1月	2月	3月	4月	5月	6月
企業関連スケジュール					
自己の行動計画					

就職活動をすすめるうえで，当然重要になってくるのは，自己のスケジュール管理だ。企業の選考スケジュールを把握することも大切だが，自分のペースで進めることになる自己分析や業界・企業研究，面接試験のトレーニング等の計画を立てることも忘れてはいけない。スケジュールシートに「記入」する作業を通して，短期・長期の両方の面から就職試験を考えるきっかけにしよう。

7月	8月	9月	10月	11月	12月
企業関連スケジュール					
自己の行動計画					

第4章

SPI対策

ほとんどの企業では，基本的な資質や能力を見極めるため適性検査を実施しており，現在最も使われているのがリクルートが開発した「SPI」である。

テストの内容は，「言語能力」「非言語能力」「性格」の3つに分かれている。その人がどんな人物で，どんな仕事で力を発揮しやすいのか，また，どんな組織になじみやすいかなどを把握するために行われる。

この章では，SPIの「言語能力」及び「非言語能力」の分野で，頻出内容を絞って，演習問題を構成している。演習問題に複数回チャレンジし，解説をしっかりと熟読して，学習効果を高めよう。

SPI 対策

●SPI とは

　SPIは，Synthetic Personality Inventoryの略称で，株式会社リクルートが開発・販売を行っている就職採用向けのテストである。昭和49年から提供が始まり，平成14年と平成25年の2回改訂が行われ，現在はSPI3が最新になる。

　SPIは，応募者の仕事に対する適性，職業の適性能力，興味や関心を見極めるのに適しており，現在の就職採用テストでは主流となっている。

　SPIは，「知的能力検査」と「性格検査」の2領域にわけて測定され，知的能力検査は「言語能力検査（国語）」と「非言語能力検査（数学）」に分かれている。オプション検査として，「英語（ENG）検査」を実施することもある。性格適性検査では，性格を細かく分析するために，非常に多くの質問が出される。SPIの性格適性検査では，正式な回答はなく，全ての質問に正直に答えることが重要である。

　本章では，その中から，「言語能力検査」と「非言語能力検査」に絞って収録している。

●SPI を利用する企業の目的

　①：志望者から人数を絞る

　一部上場企業にもなると，数万単位の希望者が応募してくる。基本的な資質能力や会社への適性能力を見極めるため，SPIを使って，人数の絞り込みを行う。

　②：知的能力を見極める

　SPIは，応募者1人1人の基本的な知的能力を比較することができ，それによって，受検者の相対的な知的能力を見極めることが可能になる。

　③：性格をチェックする

　その職種に対する適性があるが，300程度の簡単な質問によって発想力やパーソナリティを見ていく。性格検査なので，正解というものはなく，正直に回答していくことが重要である。

●SPIの受検形式

　SPIは，企業の会社説明会や会場で実施される「ペーパーテスト形式」と，パソコンを使った「テストセンター形式」とがある。

　近年，ペーパーテスト形式は減少しており，ほとんどの企業が，パソコンを使ったテストセンター形式を採用している。志望する企業がどのようなテストを採用しているか，早めに確認し，対策を立てておくこと。

●SPIの出題形式

　SPIは，言語分野，非言語分野，英語（ENG），性格適性検査に出題形式が分かれている。

科目	出題範囲・内容
言語分野	二語の関係，語句の意味，語句の用法，文の並び換え，空欄補充，熟語の成り立ち，文節の並び換え，長文読解　等
非言語分野	推論，場合の数，確率，集合，損益算，速度算，表の読み取り，資料の読み取り，長文読み取り　等
英語（ENG）	同意語，反意語，空欄補充，英英辞書，誤文訂正，和文英訳，長文読解　等
性格適性検査	質問：300問程度　時間：約35分

●受検対策

　本章では，出題が予想される問題を厳選して収録している。問題と解答だけではなく，詳細な解説も収録しているので，分からないところは複数回問題を解いてみよう。

言語分野

二語関係

同音異義語

●あいせき
哀惜　死を悲しみ惜しむこと
愛惜　惜しみ大切にすること
●いぎ
意義　意味・内容・価値
異議　他人と違う意見
威儀　いかめしい挙動
異義　異なった意味
●いし
意志　何かをする積極的な気持ち
意思　しようとする思い・考え
●いどう
異同　異なり・違い・差
移動　場所を移ること
異動　地位・勤務の変更
●かいこ
懐古　昔を懐かしく思うこと
回顧　過去を振り返ること
解雇　仕事を辞めさせること
●かいてい
改訂　内容を改め直すこと
改定　改めて定めること
●かんしん
関心　気にかかること
感心　心に強く感じること
歓心　嬉しいと思う心

寒心　肝を冷やすこと
●きてい
規定　規則・定め
規程　官公庁などの規則
●けんとう
見当　だいたいの推測・判断・
　　　めあて
検討　調べ究めること
●こうてい
工程　作業の順序
行程　距離・みちのり
●じき
直　　すぐに
時期　時・折り・季節
時季　季節・時節
時機　適切な機会
●しゅし
趣旨　趣意・理由・目的
主旨　中心的な意味
●たいけい
体型　人の体格
体形　人や動物の形態
体系　ある原理に基づき個々のも
　　　のを統一したもの
大系　系統立ててまとめた叢書
●たいしょう

対象　行為や活動が向けられる相手

対称　対応する位置にあること

対照　他のものと照らし合わせること

●たんせい

端正　人の行状が正しくきちんとしているさま

端整　人の容姿が整っているさま

●はんざつ

繁雑　ごたごたと込み入ること

煩雑　煩わしく込み入ること

●ほしょう

保障　保護して守ること

保証　確かだと請け合うこと

補償　損害を補い償うこと

●むち

無知　知識・学問がないこと

無恥　恥を知らないこと

●ようけん

要件　必要なこと

用件　なすべき仕事

同訓漢字

●あう

合う…好みに合う。答えが合う。

会う…客人と会う。立ち会う。

遭う…事故に遭う。盗難に遭う。

●あげる

上げる…プレゼントを上げる。効果を上げる。

挙げる…手を挙げる。全力を挙げる。

揚げる…凧を揚げる。てんぷらを揚げる。

●あつい

暑い…夏は暑い。暑い部屋。

熱い…熱いお湯。熱い視線を送る。

厚い…厚い紙。面の皮が厚い。

篤い…志の篤い人。篤い信仰。

●うつす

写す…写真を写す。文章を写す。

映す…映画をスクリーンに映す。鏡に姿を映す。

●おかす

冒す…危険を冒す。病に冒された人。

犯す…犯罪を犯す。法律を犯す。

侵す…領空を侵す。プライバシーを侵す。

●おさめる

治める…領地を治める。水を治める。

収める…利益を収める。争いを収める。

修める…学問を修める。身を修める。

納める…税金を納める。品物を納める。

●かえる

変える…世界を変える。性格を変える。

代える…役割を代える。背に腹は代えられぬ。

替える…円をドルに替える。服を
　　　　替える。

●きく

聞く…うわさ話を聞く。明日の天
　　　気を聞く。

聴く…音楽を聴く。講義を聴く。

●しめる

閉める…門を閉める。ドアを閉め
　　　　る。

締める…ネクタイを締める。気を
　　　　引き締める。

絞める…首を絞める。絞め技をか
　　　　ける。

●すすめる

進める…足を進める。話を進める。

勧める…縁談を勧める。加入を勧
　　　　める。

薦める…生徒会長に薦める。

●つく

付く…傷が付いた眼鏡。気が付く。

着く…待ち合わせ場所の公園に着
　　　く。地に足が着く。

就く…仕事に就く。外野の守備に
　　　就く。

●つとめる

務める…日本代表を務める。主役
　　　　を務める。

努める…問題解決に努める。療養
　　　　に努める。

勤める…大学に勤める。会社に勤
　　　　める。

●のぞむ

望む…自分の望んだ夢を追いかけ
　　　る。

臨む…記者会見に臨む。決勝に臨
　　　む。

●はかる

計る…時間を計る。将来を計る。

測る…飛行距離を測る。水深を測
　　　る。

●みる

見る…月を見る。ライオンを見る。

診る…患者を診る。脈を診る。

演習問題

1　カタカナで記した部分の漢字として適切なものはどれか。

1　手続きがハンザツだ　　　　　　【汎雑】

2　誤りをカンカすることはできない　【観過】

3　ゲキヤクなので取扱いに注意する　【激薬】

4　クジュウに満ちた選択だった　　　【苦重】

5　キセイの基準に従う　　　　　　　【既成】

② 下線部の漢字として適切なものはどれか。

家で飼っている熱帯魚を<u>かんしょう</u>する。

1　干渉
2　観賞
3　感傷
4　勧奨
5　鑑賞

③ 下線部の漢字として適切なものはどれか。

彼に責任を<u>ついきゅう</u>する。

1　追窮
2　追究
3　追給
4　追求
5　追及

④ 下線部の語句について，両方とも正しい表記をしているものはどれか。

1　私と母とは<u>相生</u>がいい。　　・この歌を<u>愛唱</u>している。
2　それは<u>規成</u>の事実である。　・<u>既製</u>品を買ってくる。
3　同音<u>異義語</u>を見つける。　　・会議で<u>意議</u>を申し立てる。
4　選挙の<u>大勢</u>が決まる。　　　・作曲家として<u>大成</u>する。
5　<u>無常</u>の喜びを味わう。　　　・<u>無情</u>にも雨が降る。

⑤ 下線部の漢字として適切なものはどれか。

彼の体調は<u>かいほう</u>に向かっている。

1　介抱
2　快方
3　解放
4　回報
5　開放

1 5

解説 1 「煩雑」が正しい。「汎」は「汎用(はんよう)」などと使う。
2 「看過」が正しい。「観」は「観光」や「観察」などと使う。 3 「劇薬」
が正しい。「少量の使用であってもはげしい作用のするもの」という意味
であるが「激」を使わないことに注意する。 4 「苦渋」が正しい。苦し
み悩むという意味で,「苦悩」と同意であると考えてよい。 5 「既成概
念」などと使う場合もある。同音で「既製」という言葉があるが, これは
「既製服」や「既製品」という言葉で用いる。

2 2

解説 同音異義語や同訓異字の問題は, その漢字を知っているだけで
は対処できない。「植物や魚などの美しいものを見て楽しむ」場合は「観
賞」を用いる。なお,「芸術作品」に関する場合は「鑑賞」を用いる。

3 5

解説 「ついきゅう」は, 特に「追究」「追求」「追及」が頻出である。「追
究」は「あることについて徹底的に明らかにしようとすること」,「追求」
は「あるものを手に入れようとすること」,「追及」は「後から厳しく調べ
ること」という意味である。ここでは,「責任」という言葉の後にあるので,
「厳しく」という意味が含まれている「追及」が適切である。

4 4

解説 1の「相生」は「相性」,2の「規成」は「既成」,3の「意議」は「異
議」,5の「無常」は「無上」が正しい。

5 2

解説 「快方」は「よい方向に向かっている」という意味である。なお,
1は病気の人の世話をすること,3は束縛を解いて自由にすること,4は
複数人で回し読む文書,5は出入り自由として開け放つ, の意味。

四字熟語

□曖昧模糊　あいまいもこ―はっきりしないこと。

□阿鼻叫喚　あびきょうかん―苦しみに耐えられないで泣き叫ぶこと。はなはだしい惨状を形容する語。

□暗中模索　あんちゅうもさく―暗闇で手さぐりでものを探すこと。様子がつかめずどうすればよいかわからないままやってみること。

□以心伝心　いしんでんしん―無言のうちに心から心に意思が通じ合うこと。

□一言居士　いちげんこじ―何事についても自分の意見を言わなければ気のすまない人。

□一期一会　いちごいちえ――生のうち一度だけの機会。

□一日千秋　いちじつせんしゅう――日会わなければ千年も会わないように感じられることから，一日が非常に長く感じられること。

□一念発起　いちねんほっき―決心して信仰の道に入ること。転じてある事を成就させるために決心すること。

□一網打尽　いちもうだじん――網打つだけで多くの魚を捕らえることから，一度に全部捕らえること。

□一獲千金　いっかくせんきん――時にたやすく莫大な利益を得ること。

□一挙両得　いっきょりょうとく――つの行動で二つの利益を得ること。

□意馬心猿　いばしんえん―馬が走り，猿が騒ぐのを抑制できないことにたとえ，煩悩や欲望の抑えられないさま。

□意味深長　いみしんちょう―意味が深く含蓄のあること。

□因果応報　いんがおうほう―よい行いにはよい報いが，悪い行いには悪い報いがあり，因と果とは相応じるものであるということ。

□慇懃無礼　いんぎんぶれい―うわべはあくまでも丁寧だが，実は尊大であること。

□有為転変　ういてんぺん―世の中の物事の移りやすくはかない様子のこと。

□右往左往　うおうさおう―多くの人が秩序もなく動き，あっちへ行ったりこっちへ来たり，混乱すること。

□右顧左眄　うこさべん―右を見たり，左を見たり，周囲の様子ばかりうかがっていて決断しないこと。

□有象無象　うぞうむぞう―世の中の無形有形の一切のもの。たくさん集まったつまらない人々。

□海千山千　うみせんやません―経験を積み，その世界の裏まで知り抜いている老獪な人。

□紆余曲折　うよきょくせつ―まがりくねっていること。事情が込み入って，状況がいろいろ変化すること。

□雲散霧消　うんさんむしょう―雲や霧が消えるように，あとかたもなく消えること。

□栄枯盛衰　えいこせいすい―草木が繁り，枯れていくように，盛んになったり衰えたりすること。世の中の浮き沈みのこと。

□栄耀栄華　えいようえいが―権力や富貴をきわめ，おごりたかぶること。

□会者定離　えしゃじょうり―会う者は必ず離れる運命をもつということ。人生の無常を説いたことば。

□岡目八目　おかめはちもく―局外に立ち，第三者の立場で物事を観察すると，その是非や損失がよくわかるということ。

□温故知新　おんこちしん―古い事柄を究め新しい知識や見解を得ること。

□臥薪嘗胆　がしんしょうたん―たきぎの中に寝，きもをなめる意で，目的を達成するのために苦心，苦労を重ねること。

□花鳥風月　かちょうふうげつ―自然界の美しい風景，風雅のこころ。

□我田引水　がでんいんすい―自分の利益となるように発言したり行動したりすること。

□画竜点睛　がりょうてんせい―竜を描いて最後にひとみを描き加えたところ，天に上ったという故事から，物事を完成させるために最後に付け加える大切な仕上げ。

□夏炉冬扇　かろとうせん―夏の火鉢，冬の扇のようにその場に必要のない事物。

□危急存亡　ききゅうそんぼう―危機が迫ってこのまま生き残れるか滅びるかの瀬戸際。

□疑心暗鬼　ぎしんあんき―心の疑いが妄想を引き起こして実際にはいない鬼の姿が見えるようになることから，疑心が起こると何で

もないことまで恐ろしくなること。

□玉石混交　ぎょくせきこんこう―すぐれたものとそうでないものが入り混じっていること。

□荒唐無稽　こうとうむけい―言葉や考えによりどころがなく，とりとめもないこと。

□五里霧中　ごりむちゅう―迷って考えの定まらないこと。

□針小棒大　しんしょうぼうだい―物事を大袈裟にいうこと。

□大同小異　だいどうしょうい―細部は異なっているが総体的には同じであること。

□馬耳東風　ばじとうふう―人の意見や批評を全く気にかけず聞き流すこと。

□波瀾万丈　はらんばんじょう―さまざまな事件が次々と起き，変化に富むこと。

□付和雷同　ふわらいどう――定の見識がなくただ人の説にわけもなく賛同すること。

□粉骨砕身　ふんこつさいしん―力の限り努力すること。

□羊頭狗肉　ようとうくにく―外見は立派だが内容がともなわないこと。

□竜頭蛇尾　りゅうとうだび―初めは勢いがさかんだが最後はふるわないこと。

□臨機応変　りんきおうへん―時と場所に応じて適当な処置をとること。

演習問題

1　「海千山千」の意味として適切なものはどれか。
　1　様々な経験を積み，世間の表裏を知り尽くしてずる賢いこと
　2　今までに例がなく，これからもあり得ないような非常に珍しいこと
　3　人をだまし丸め込む手段や技巧のこと
　4　一人で千人の敵を相手にできるほど強いこと
　5　広くて果てしないこと

2 四字熟語として適切なものはどれか。
1 竜頭堕尾
2 沈思黙考
3 孟母断危
4 理路正然
5 猪突猛伸

3 四字熟語の漢字の使い方がすべて正しいものはどれか。
1 純真無垢　　青天白日　　疑心暗鬼
2 短刀直入　　自我自賛　　危機一髪
3 厚顔無知　　思考錯誤　　言語同断
4 異句同音　　一鳥一石　　好機当来
5 意味深長　　興味深々　　五里霧中

4 「一蓮托生」の意味として適切なものはどれか。
1 一味の者を一度で全部つかまえること。
2 物事が順調に進行すること。
3 ほかの事に注意をそらさず，一つの事に心を集中させているさま。
4 善くても悪くても行動・運命をともにすること。
5 妥当なものはない。

5 故事成語の意味で適切なものはどれか。
「塞翁(さいおう)が馬」
1 たいして差がない
2 幸不幸は予測できない
3 肝心なものが欠けている
4 実行してみれば意外と簡単
5 努力がすべてむだに終わる

1 1

解説 2は「空前絶後」, 3は「手練手管」, 4は「一騎当千」, 5は「広大無辺」である。

2 2

解説 2の沈思黙考は,「思いにしずむこと。深く考えこむこと。」の意味である。なお, 1は竜頭蛇尾(始めは勢いが盛んでも, 終わりにはふるわないこと), 3は孟母断機(孟子の母が織りかけの織布を断って, 学問を中途でやめれば,この断機と同じであると戒めた譬え),4は理路整然(話や議論の筋道が整っていること), 5は猪突猛進(いのししのように向こう見ずに一直線に進むこと)が正しい。

3 1

解説 2は「単刀直入」「自画自賛」, 3は「厚顔無恥」「試行錯誤」「言語道断」, 4は「異口同音」「一朝一夕」「好機到来」, 5は「興味津々」が正しい。四字熟語の意味を理解する際, どのような字で書かれているかを意識するとよい。

4 4

解説 「一蓮托生」は, よい行いをした者は天国に行き, 同じ蓮の花の上に生まれ変わるという仏教の教えから, 「(ことの善悪にかかわらず)仲間として行動や運命をともにすること」をいう。

5 2

解説 「塞翁が馬」は「人間万事塞翁が馬」と表す場合もある。1は「五十歩百歩」, 3は「画竜点睛に欠く」, 4は「案ずるより産むが易し」, 5は「水泡に帰する」の故事成語の意味である。

非言語分野

計算式・不等式

演習問題

1 分数 $\dfrac{30}{7}$ を小数で表したとき，小数第100位の数字として正しいものはどれか。

  1　1　　　2　2　　　3　4　　　4　5　　　5　7

2 $x=\sqrt{2}-1$ のとき，$x+\dfrac{1}{x}$ の値として正しいものはどれか。

  1　$2\sqrt{2}$　　2　$2\sqrt{2}-2$　　3　$2\sqrt{2}-1$　　4　$3\sqrt{2}-3$
  5　$3\sqrt{2}-2$

3 360の約数の総和として正しいものはどれか。

  1　1060　　2　1170　　3　1250　　4　1280　　5　1360

4 $\dfrac{x}{2}=\dfrac{y}{3}=\dfrac{z}{5}$ のとき，$\dfrac{x-y+z}{3x+y-z}$ の値として正しいものはどれか。

  1　-2　　2　-1　　3　$\dfrac{1}{2}$　　4　1　　5　$\dfrac{3}{2}$

5 $\dfrac{\sqrt{2}}{\sqrt{2}-1}$ の整数部分を a，小数部分を b とするとき，$a\times b$ の値として正しいものは次のうちどれか。

  1　$\sqrt{2}$　　2　$2\sqrt{2}-2$　　3　$2\sqrt{2}-1$　　4　$3\sqrt{2}-3$
  5　$3\sqrt{2}-2$

6 $x=\sqrt{5}+\sqrt{2}$，$y=\sqrt{5}-\sqrt{2}$ のとき，x^2+xy+y^2 の値として正しいものはどれか。

  1　15　　2　16　　3　17　　4　18　　5　19

$\boxed{7}$ $\dfrac{\sqrt{2}}{\sqrt{2}-1}$ の整数部分をa, 小数部分をbとするとき, b^2の値として正しいものはどれか。

　1　$2-\sqrt{2}$　　　2　$1+\sqrt{2}$　　　3　$2+\sqrt{2}$　　　4　$3+\sqrt{2}$

　5　$3-2\sqrt{2}$

$\boxed{8}$ ある中学校の生徒全員のうち, 男子の7.5%, 女子の6.4%を合わせて37人がバドミントン部員であり, 男子の2.5%, 女子の7.2%を合わせて25人が吹奏楽部員である。この中学校の女子全員の人数は何人か。

　1　246人　　　2　248人　　　3　250人　　　4　252人　　　5　254人

$\boxed{9}$ 連続した3つの正の偶数がある。その小さい方2数の2乗の和は, 一番大きい数の2乗に等しいという。この3つの数のうち, 最も大きい数として正しいものはどれか。

　1　6　　　2　8　　　3　10　　　4　12　　　5　14

○○○解答・解説○○○

$\boxed{1}$　5

解説　実際に30を7で割ってみると,
$\dfrac{30}{7} = 4.28571428571\cdots\cdots$ となり, 小数点以下は, 6つの数字 "285714" が繰り返されることがわかる。$100\div6=16$余り4だから, 小数第100位は, "285714" のうちの4つ目の "7" である。

$\boxed{2}$　1

解説　$x=\sqrt{2}-1$を$x+\dfrac{1}{x}$に代入すると,

$$x+\dfrac{1}{x}=\sqrt{2}-1+\dfrac{1}{\sqrt{2}-1}=\sqrt{2}-1+\dfrac{\sqrt{2}+1}{(\sqrt{2}-1)(\sqrt{2}+1)}$$
$$=\sqrt{2}-1+\dfrac{\sqrt{2}+1}{2-1}$$
$$=\sqrt{2}-1+\sqrt{2}+1=2\sqrt{2}$$

$\boxed{3}$ 2

解説 360を素因数分解すると，$360 = 2^3 \times 3^2 \times 5$ であるから，約数の総和は$(1 + 2 + 2^2 + 2^3)(1 + 3 + 3^2)(1 + 5) = (1 + 2 + 4 + 8)(1 + 3 + 9)(1 + 5) = 15 \times 13 \times 6 = 1170$ である。

$\boxed{4}$ 4

解説 $\dfrac{x}{2} = \dfrac{y}{3} = \dfrac{z}{5} = A$ とおく。

$x = 2A$，$y = 3A$，$z = 5A$ となるから，

$x - y + z = 2A - 3A + 5A = 4A$，$3x + y - z = 6A + 3A - 5A = 4A$

したがって，$\dfrac{x - y + z}{3x + y - z} = \dfrac{4A}{4A} = 1$ である。

$\boxed{5}$ 4

解説 分母を有理化する。

$\dfrac{\sqrt{2}}{\sqrt{2} - 1} = \dfrac{\sqrt{2}(\sqrt{2} + 1)}{(\sqrt{2} - 1)(\sqrt{2} + 1)} = \dfrac{2 + \sqrt{2}}{2 - 1} = 2 + \sqrt{2} = 2 + 1.414\cdots = 3.414\cdots$

であるから，$a = 3$であり，$b = (2 + \sqrt{2}) - 3 = \sqrt{2} - 1$ となる。

したがって，$a \times b = 3(\sqrt{2} - 1) = 3\sqrt{2} - 3$

$\boxed{6}$ 3

解説 $(x + y)^2 = x^2 + 2xy + y^2$ であるから，

$x^2 + xy + y^2 = (x + y)^2 - xy$ と表せる。

ここで，$x + y = (\sqrt{5} + \sqrt{2}) + (\sqrt{5} - \sqrt{2}) = 2\sqrt{5}$，

$\qquad\qquad xy = (\sqrt{5} + \sqrt{2})(\sqrt{5} - \sqrt{2}) = 5 - 2 = 3$

であるから，求める $(x + y)^2 - xy = (2\sqrt{5})^2 - 3 = 20 - 3 = 17$

$\boxed{7}$ 5

解説 分母を有理化すると，

$\dfrac{\sqrt{2}}{\sqrt{2} - 1} = \dfrac{\sqrt{2}(\sqrt{2} + 1)}{(\sqrt{2} - 1)(\sqrt{2} + 1)} = \dfrac{2 + \sqrt{2}}{2 - 1} = 2 + \sqrt{2}$

$\sqrt{2} = 1.4142\cdots\cdots$であるから，$2 + \sqrt{2} = 2 + 1.4142\cdots\cdots = 3.14142\cdots\cdots$

したがって，$a = 3$，$b = 2 + \sqrt{2} - 3 = \sqrt{2} - 1$といえる。

したがって，$b^2 = (\sqrt{2} - 1)^2 = 2 - 2\sqrt{2} + 1 = 3 - 2\sqrt{2}$である。

8 3

解説 男子全員の人数を x，女子全員の人数を y とする。

$0.075x + 0.064y = 37 \cdots ①$
$0.025x + 0.072y = 25 \cdots ②$
$① - ② \times 3$ より

$$\begin{array}{r} \begin{cases} 0.075x + 0.064y = 37 \cdots ① \\ 0.075x + 0.216y = 75 \cdots ②' \end{cases} \\ \hline -0.152y = -38 \end{array}$$

$\therefore\quad 152y = 38000 \qquad \therefore\quad y = 250 \quad x = 280$

よって，女子全員の人数は250人。

9 3

解説 3つのうちの一番小さいものを $x (x > 0)$ とすると，連続した3つの正の偶数は，x，$x+2$，$x+4$ であるから，与えられた条件より，次の式が成り立つ。$x^2 + (x+2)^2 = (x+4)^2$　かっこを取って，$x^2 + x^2 + 4x + 4 = x^2 + 8x + 16$　整理して，$x^2 - 4x - 12 = 0$　よって，$(x+2)(x-6) = 0$　よって，$x = -2, 6$　$x > 0$ だから，$x = 6$ である。したがって，3つの偶数は，6, 8, 10である。このうち最も大きいものは，10である。

速さ・距離・時間

演習問題

$\boxed{1}$ 家から駅までの道のりは30kmである。この道のりを，初めは時速5km，途中から，時速4kmで歩いたら，所要時間は7時間であった。時速5kmで歩いた道のりとして正しいものはどれか。

  1　8km　　2　10km　　3　12km　　4　14km　　5　15km

$\boxed{2}$ 横の長さが縦の長さの2倍である長方形の厚紙がある。この厚紙の四すみから，一辺の長さが4cmの正方形を切り取って，折り曲げ，ふたのない直方体の容器を作る。その容積が64cm³のとき，もとの厚紙の縦の長さとして正しいものはどれか。

  1　$6-2\sqrt{3}$　　2　$6-\sqrt{3}$　　3　$6+\sqrt{3}$　　4　$6+2\sqrt{3}$
  5　$6+3\sqrt{3}$

$\boxed{3}$ 縦50m，横60mの長方形の土地がある。この土地に，図のような直角に交わる同じ幅の通路を作る。通路の面積を土地全体の面積の$\dfrac{1}{3}$以下にするには，通路の幅を何m以下にすればよいか。

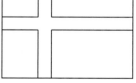

  1　8m　　2　8.5m　　3　9m　　4　10m
  5　10.5m

$\boxed{4}$ 下の図のような，曲線部分が半円で，1周の長さが240mのトラックを作る。中央の長方形ABCDの部分の面積を最大にするには，直線部分ADの長さを何mにすればよいか。次から選べ。

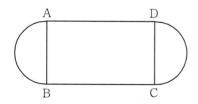

  1　56m　　2　58m　　3　60m　　4　62m　　5　64m

5 AとBの2つのタンクがあり，Aには8m³，Bには5m³の水が入っている。Aには毎分1.2m³，Bには毎分0.5m³ずつの割合で同時に水を入れ始めると，Aの水の量がBの水の量の2倍以上になるのは何分後からか。正しいものはどれか。

　　1　8分後　　2　9分後　　3　10分後　　4　11分後　　5　12分後

○○○解答・解説○○○

1 2

解説　時速5kmで歩いた道のりを$x$kmとすると，時速4kmで歩いた道のりは，$(30-x)$kmであり，時間＝距離÷速さ　であるから，次の式が成り立つ。

$$\frac{x}{5} + \frac{30-x}{4} = 7$$

　　両辺に20をかけて，$4x + 5(30-x) = 7 \times 20$

整理して，$4x + 150 - 5x = 140$

　　よって，$x = 10$ である。

2 4

解説　厚紙の縦の長さを$x$cmとすると，横の長さは$2x$cmである。また，このとき，容器の底面は，縦$(x-8)$cm，横$(2x-8)$cmの長方形で，容器の高さは4cmである。

厚紙の縦，横，及び，容器の縦，横の長さは正の数であるから，

　　$x > 0$，$x - 8 > 0$，$2x - 8 > 0$

すなわち，$x > 8 \cdots\cdots$①

容器の容積が64cm³であるから，

$4(x-8)(2x-8) = 64$ となり，

　　$(x-8)(2x-8) = 16$

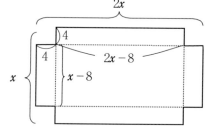

これより，$(x-8)(x-4) = 8$

$x^2 - 12x + 32 = 8$ となり，$x^2 - 12x + 24 = 0$

よって，$x = 6 \pm \sqrt{6^2 - 24} = 6 \pm \sqrt{12} = 6 \pm 2\sqrt{3}$

このうち①を満たすものは，$x = 6 + 2\sqrt{3}$

3 4

解説 通路の幅をxmとすると，$0<x<50$……①

また，$50x+60x-x^2\leqq1000$

よって，$(x-10)(x-100)\geqq0$

したがって，$x\leqq10，100\leqq x$……②

①②より，$0<x\leqq10$　つまり，10m以下。

4 3

解説 直線部分ADの長さをxmとおくと，$0<2x<240$より，

xのとる値の範囲は，$0<x<120$である。

半円の半径をrmとおくと，

$2\pi r=240-2x$より，

$r=\dfrac{120}{\pi}-\dfrac{x}{\pi}=\dfrac{1}{\pi}(120-x)$

長方形ABCDの面積をym²とすると，

$y=2r\cdot x=2\cdot\dfrac{1}{\pi}(120-x)x$

$=-\dfrac{2}{\pi}(x^2-120x)$

$=-\dfrac{2}{\pi}(x-60)^2+\dfrac{7200}{\pi}$

この関数のグラフは，図のようになる。yは$x=60$のとき最大となる。

5 3

解説 x分後から2倍以上になるとすると，題意より次の不等式が成り立つ。

$8+1.2x\geqq2(5+0.5x)$

かっこをはずして，$8+1.2x\geqq10+x$

整理して，$0.2x\geqq2$　よって，$x\geqq10$

つまり10分後から2倍以上になる。

演習問題

1 1個のさいころを続けて3回投げるとき，目の和が偶数になるような場合は何通りあるか。正しいものを選べ。

　1　106通り　　　2　108通り　　　3　110通り　　　4　112通り
　5　115通り

2 A，B，C，D，E，Fの6人が2人のグループを3つ作るとき，AとBが同じグループになる確率はどれか。正しいものを選べ。

　1　$\dfrac{1}{6}$　　2　$\dfrac{1}{5}$　　3　$\dfrac{1}{4}$　　4　$\dfrac{1}{3}$　　5　$\dfrac{1}{2}$

○○○解答・解説○○○

1 2

解説　和が偶数になるのは，3回とも偶数の場合と，偶数が1回で，残りの2回が奇数の場合である。さいころの目は，偶数と奇数はそれぞれ3個だから，

　(1)　3回とも偶数：$3 \times 3 \times 3 = 27$〔通り〕
　(2)　偶数が1回で，残りの2回が奇数
　　・偶数/奇数/奇数：$3 \times 3 \times 3 = 27$〔通り〕
　　・奇数/偶数/奇数：$3 \times 3 \times 3 = 27$〔通り〕
　　・奇数/奇数/偶数：$3 \times 3 \times 3 = 27$〔通り〕

したがって，合計すると，$27 + (27 \times 3) = 108$〔通り〕である。

2 2

解説　A，B，C，D，E，Fの6人が2人のグループを3つ作るときの，すべての作り方は$\dfrac{_6C_2 \times _4C_2}{3!} = 15$通り。このうち，AとBが同じグループになるグループの作り方は$\dfrac{_4C_2}{2!} = 3$通り。よって，求める確率は$\dfrac{3}{15} = \dfrac{1}{5}$である。

図形

演習問題

1 次の図で，直方体ABCD－EFGHの辺 AB，BCの中点をそれぞれ
M，Nとする。この直方体を3点M，F，Nを通る平面で切り，頂点B
を含むほうの立体をとりさる。AD＝DC

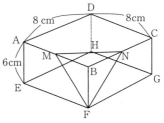

＝8cm，AE＝6cmのとき，△MFNの
面積として正しいものはどれか。

1 $3\sqrt{22}$ 〔cm²〕 　　2 $4\sqrt{22}$ 〔cm²〕
3 $5\sqrt{22}$ 〔cm²〕 　　4 $4\sqrt{26}$ 〔cm²〕
5 $4\sqrt{26}$ 〔cm²〕

2 右の図において，四角形ABCDは円に内
接しており，弧BC＝弧CDである。AB，AD
の延長と点Cにおけるこの円の接線との交点
をそれぞれP，Qとする。AC＝4cm，CD＝
2cm，DA＝3cmとするとき，△BPCと△
APQの面積比として正しいものはどれか。

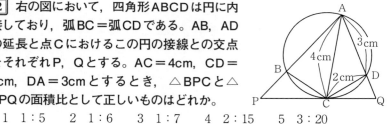

1 1：5 　　2 1：6 　　3 1：7 　　4 2：15 　　5 3：20

3 1辺の長さが15のひし形がある。その対角線の長さの差は6である。
このひし形の面積として正しいものは次のどれか。

1 208 　　2 210 　　3 212 　　4 214 　　5 216

4 右の図において，円C_1の
半径は2，円C_2の半径は5，2
円の中心間の距離はO_1O_2＝9
である。2円の共通外接線lと2
円C_1，C_2との接点をそれぞれA，
Bとするとき，線分ABの長さ
として正しいものは次のどれ
か。

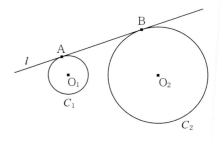

1 $3\sqrt{7}$ 　　2 8 　　3 $6\sqrt{2}$ 　　4 $5\sqrt{3}$ 　　5 $4\sqrt{5}$

⑤ 下の図において，点Eは，平行四辺形ABCDの辺BC上の点で，AB＝AEである。また，点Fは，線分AE上の点で，∠AFD＝90°である。∠ABE＝70°のとき，∠CDFの大きさとして正しいものはどれか。

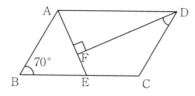

1　48°　　2　49°　　3　50°　　4　51°　　5　52°

⑥ 底面の円の半径が4で，母線の長さが12の直円すいがある。この円すいに内接する球の半径として正しいものは次のどれか。

1　$2\sqrt{2}$

2　3

3　$2\sqrt{3}$

4　$\dfrac{8}{3}\sqrt{2}$

5　$\dfrac{8}{3}\sqrt{3}$

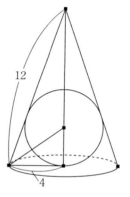

○○○解答・解説○○○

① 2

解説　△MFNはMF＝NFの二等辺三角形。MB＝$\dfrac{8}{2}$＝4，BF＝6より，

$MF^2＝4^2＋6^2＝52$

また，MN＝$4\sqrt{2}$

FからMNに垂線FTを引くと，△MFTで三平方の定理より，

$FT^2＝MF^2－MT^2＝52－\left(\dfrac{4\sqrt{2}}{2}\right)^2＝52－8＝44$

よって，FT＝$\sqrt{44}＝2\sqrt{11}$

したがって，△MFN＝$\dfrac{1}{2}\cdot 4\sqrt{2}\cdot 2\sqrt{11}＝4\sqrt{22}$〔cm²〕

$\boxed{2}$ 3

解説 ∠PBC＝∠CDA，∠PCB＝∠BAC＝∠CADから，
△BPC∽△DCA
相似比は2:3，面積比は，4:9
また，△CQD∽△AQCで，相似比は1:2，面積比は1:4
したがって，△DCA:△AQC＝3:4
よって，△BPC:△DCA:△AQC＝4:9:12
さらに，△BPC∽△CPAで，相似比1:2，面積比1:4
よって，△BPC:△APQ＝4:(16+12)＝4:28＝1:7

$\boxed{3}$ 5

解説 対角線のうちの短い方の長さの半分の長さをxとすると，長い方
の対角線の長さの半分は，$(x+3)$と表せるから，三平方の定理より次の式
がなりたつ。

$$x^2+(x+3)^2=15^2$$

整理して，$2x^2+6x-216=0$　よって，$x^2+3x-108=0$
$(x-9)(x+12)=0$より，$x=9,-12$　xは正だから，$x=9$である。

したがって，求める面積は，$4\times\dfrac{9\times(9+3)}{2}=216$

$\boxed{4}$ 5

解説 円の接線と半径より
$O_1A\perp l$，$O_2B\perp l$であるから，
点O_1から線分O_2Bに垂線O_1Hを
下ろすと，四角形AO_1HBは長方
形で，
　　$HB=O_1A=2$だから，
$O_2H=3$
△O_1O_2Hで三平方の定理より，
　　$O_1H=\sqrt{9^2-3^2}=6\sqrt{2}$
　　よって，$AB=O_1H=6\sqrt{2}$

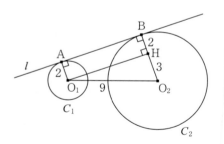

5 3

解説 ∠AEB = ∠ABE = 70°より，∠AEC = 180 − 70 = 110°

また，∠ABE + ∠ECD = 180°より，∠ECD = 110°

四角形FECDにおいて，四角形の内角の和は360°だから，

∠CDF = 360° − (90° + 110° + 110°) = 50°

6 1

解説 円すいの頂点をA，球の中心をO，底面の円の中心をHとする。3点A, O, Hを含む平面でこの立体を切断すると，断面は図のような二等辺三角形とその内接円であり，求めるものは内接円の半径OHである。

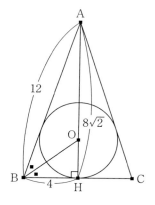

△ABHで三平方の定理より，

$AH = \sqrt{12^2 - 4^2} = 8\sqrt{2}$

Oは三角形ABCの内心だから，BOは∠ABHの2等分線である。

よって，AO : OH = BA : BH = 3 : 1

$OH = \dfrac{1}{4} AH = 2\sqrt{2}$

●情報提供のお願い●

　就職活動研究会では，就職活動に関する情報を募集しています。

　エントリーシートやグループディスカッション，面接，筆記試験の内容等について情報をお寄せください。ご応募はメールアドレス（edit@kyodo-s.jp）へお願いいたします。お送りくださいました方々には薄謝をさしあげます。

　ご協力よろしくお願いいたします。

会社別就活ハンドブックシリーズ

商船三井の
就活ハンドブック

編　者	就職活動研究会
発　行	令和 6 年 2 月 25 日
発行者	小貫輝雄
発行所	協同出版株式会社

〒 101-0054
東京都千代田区神田錦町2-5
電話　03-3295-1341
振替　東京00190-4-94061

印刷所　協同出版・POD工場

落丁・乱丁はお取り替えいたします

●2025年度版●
会社別就活ハンドブックシリーズ
【全111点】

運　輸

東日本旅客鉄道の就活ハンドブック

東海旅客鉄道の就活ハンドブック

西日本旅客鉄道の就活ハンドブック

東京地下鉄の就活ハンドブック

小田急電鉄の就活ハンドブック

阪急阪神 HD の就活ハンドブック

商船三井の就活ハンドブック

日本郵船の就活ハンドブック

機　械

三菱重工業の就活ハンドブック

川崎重工業の就活ハンドブック

IHI の就活ハンドブック

島津製作所の就活ハンドブック

浜松ホトニクスの就活ハンドブック

村田製作所の就活ハンドブック

クボタの就活ハンドブック

金　融

三菱 UFJ 銀行の就活ハンドブック

三菱 UFJ 信託銀行の就活ハンドブック

みずほ FG の就活ハンドブック

三井住友銀行の就活ハンドブック

三井住友信託銀行の就活ハンドブック

野村證券の就活ハンドブック

りそなグループの就活ハンドブック

ふくおか FG の就活ハンドブック

日本政策投資銀行の就活ハンドブック

建設・不動産

三菱地所の就活ハンドブック

三井不動産の就活ハンドブック

積水ハウスの就活ハンドブック

大和ハウス工業の就活ハンドブック

鹿島建設の就活ハンドブック

大成建設の就活ハンドブック

清水建設の就活ハンドブック

資源・素材

旭旭化成グループの就活ハンドブック

東レの就活ハンドブック

ワコールの就活ハンドブック

関西電力の就活ハンドブック

日本製鉄の就活ハンドブック   九州電力の就活ハンドブック

中部電力の就活ハンドブック

自動車

トヨタ自動車の就活ハンドブック   デンソーの就活ハンドブック

本田技研工業の就活ハンドブック   日産自動車の就活ハンドブック

商　社

三菱商事の就活ハンドブック   伊藤忠商事の就活ハンドブック

住友商事の就活ハンドブック   双日の就活ハンドブック

丸紅の就活ハンドブック   豊田通商の就活ハンドブック

三井物産の就活ハンドブック

情報通信・IT

NTT データの就活ハンドブック   サイバーエージェントの就活ハンドブック

NTT ドコモの就活ハンドブック   LINE ヤフーの就活ハンドブック

野村総合研究所の就活ハンドブック   SCSK の就活ハンドブック

日本電信電話の就活ハンドブック   富士ソフトの就活ハンドブック

KDDI の就活ハンドブック   日本オラクルの就活ハンドブック

ソフトバンクの就活ハンドブック   GMO インターネットグループ

楽天の就活ハンドブック   オービックの就活ハンドブック

mixi の就活ハンドブック   DTS の就活ハンドブック

グリーの就活ハンドブック   TIS の就活ハンドブック

食品・飲料

サントリー HD の就活ハンドブック   日本たばこ産業 の就活ハンドブック

味の素の就活ハンドブック   日清食品グループの就活ハンドブック

キリン HD の就活ハンドブック   山崎製パンの就活ハンドブック

アサヒグループ HD の就活ハンドブック   キユーピーの就活ハンドブック

生活用品

資生堂の就活ハンドブック   武田薬品工業の就活ハンドブック

花王の就活ハンドブック

電気機器

三菱電機の就活ハンドブック

ダイキン工業の就活ハンドブック

ソニーの就活ハンドブック

日立製作所の就活ハンドブック

ＮＥＣの就活ハンドブック

富士フイルム HD の就活ハンドブック

パナソニックの就活ハンドブック

富士通の就活ハンドブック

キヤノンの就活ハンドブック

京セラの就活ハンドブック

オムロンの就活ハンドブック

キーエンスの就活ハンドブック

保　険

東京海上日動火災保険の就活ハンドブック

第一生命ホールディングスの就活ハンドブック

三井住友海上火災保険の就活ハンドブック

損保ジャパンの就活ハンドブック

メディア

大日本印刷の就活ハンドブック

博報堂 DY の就活ハンドブック

凸版印刷の就活ハンドブック

エイベックスの就活ハンドブック

東宝の就活ハンドブック

流通・小売

ニトリ HD の就活ハンドブック

イオンの就活ハンドブック

ZOZO の就活ハンドブック

エンタメ・レジャー

オリエンタルランドの就活ハンドブック

アシックスの就活ハンドブック

バンダイナムコ HD の就活ハンドブック

コナミグループの就活ハンドブック

スクウェア・エニックス HD の就活ハンドブック

任天堂の就活ハンドブック

カプコンの就活ハンドブック

セガサミー HD の就活ハンドブック

タカラトミーの就活ハンドブック

▼会社別就活ハンドブックシリーズにつきましては，協同出版
のホームページからもご注文ができます。詳細は下記のサイ
トでご確認下さい。
https://kyodo-s.jp/examination_company